斎藤一人

神様とお友だちになる本

みっちゃん先生

PHP研究所

神様とおともだち

さいとうひとり

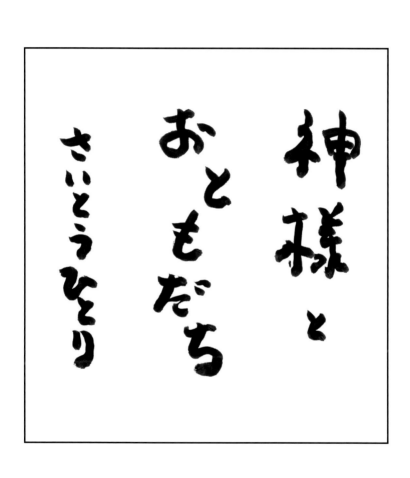

はじめに

みっちゃん先生

私が一人さんと出会ったのは、まだ私がオムツをはいて、ヨチヨチ歩きをしていた頃のこと（笑）。物心ついた時にはもう、斎藤一人さんという、爽《さわ》やかでかっこいいお兄ちゃんが私の世界に存在していました。

一人さんは私のいとこの友だちで、よくいとこの家に遊びに来ていました。

私が父母に連れられていとこの家に遊びに行くと、そこで一人さんに会います。

一人さんは昔から本当に優《やさ》しくて、いつも一緒に遊んでくれました。

そんな一人さんが大好きで、気がつくと、私はいとこの家に足しげく通うようになっていたのです（笑）。

月日が過ぎるのは早いもので、あれから数十年が経ちました。

その間、私はずっと一人さんの生き方を見続けてきました。

一人さんの弟子《でし》になってからは、それこそ毎日のように一緒にいますから、家族同然というかそれ以上の存在。

これだけ長く近くにいさせてもらって、つくづく思ったんです。

一人さんって、次々とアイディアが泉のように湧き出て、何をしても成功する。

どこへ行っても人に愛されて、困ったことがあると、それを解決してくれる人がサッと現れるんです。

これほど強運の人は、どこを探してもいない――。

それである時、一人さんにそのわけをたずねてみたのです。

すると、一人さんはすずやかな顔でこう言いました。

「俺は、神様と友だちだからね」

神様と友だちになると、いつも神様が守ってくれるようになる。

だから一人さんは、ものすごくツイているんだよって。そう教えてくれました。

確かに、神様とお友だちになれたら強運になれそう。

でも、それってものすごく特別な感じがしませんか？

選ばれた人だけの特権というイメージ。

だけど私も、一人さんみたいに運のいい人になりたい！

もっともっと幸せになりたい！

その一心で聞いてみたんです。

「一人さん、神様とお友だちになるのは難しいですか？」

「いや、誰《だれ》でもなれるよ」

間髪入《かんはつい》れず返ってきた一人さんの言葉に、私は嬉《うれ》しくて飛びあがりました。

そんな私に、一人さんは神様とお友だちになる方法を教えてくれたのです。

それも、たったひと言で！

「神様と友だちになるには、みっちゃんが楽しいことをすればいいんだよ」

えっ、神様とお友だちになるって、そんなに簡単なことなんですか？

私はものすごく驚きました。

だけど一人さんの言う通り実践《じっせん》してみて、わかったんです。本当にその通りでした。

一人さんの考え方って、世間《せけん》の常識とは根本から違います。基本から全部違う。

普通なら、神様とお友だちになるって、「神社で特別な祈《いの》り方をするのかな？」「厳《きび》しい修行をしなきゃいけないんでしょ？」なんて思うのではないでしょうか。

でも、修行なんて一切ありませんし、神社でどういう願い方をしようと自由。

そんなことは問題じゃないんです。

なぜなら、自分を幸せにできるのは自分だけだから。

神様がお友だちになってくれるのは、自分のことを大切にしている人なんです。

好きなこと、楽しいことで人生をいっぱいにして、無理や我慢をしない。

そうやって自分を可愛《かわい》がっている人にだけ、神様は強運を授《さず》けてくれるのです。

世界には、75億人もの人がいます。

これだけ大勢の人がいても、神様は1人も見逃すことなく、いつもちゃんと見ていてくれます。

神様は、75億人という私たち全員を等しく愛してくれている。

世の中には、「私は神様に見放されているんじゃないかな?」と思っている人もいるでしょう。でも、神様は私たちを見放したりしません。

見放しているとしたら、それは自分を大切にしていない人です。

自分のことが嫌《きら》い、自分が信じられない。

そういう気持ちの人は、神様の愛を感じられません。

だから、神様に見放されているように錯覚《さっかく》しちゃうんです。

神様があなたを見放したわけではなく、あなたが神様を見放しているんですよね。

とはいえ、今までの人生でずっと我慢してきた人、がんばり続けてきた人にとっては、急に「自分を可愛がるんだよ」と言われても難しいかもしれません。

自分に楽をさせると、社会から取り残されて大変なことになるんじゃないかって。

でもね、そんなこと絶対にありません。

むしろ自分を大切にしないことの方が、この先ずっと苦しむことになるんです。

本書では、そのことを深く実感いただくと同時に、一生モノの強運を手にできるよう、神様とお友だちになる秘訣《ひけつ》を一人さんに語ってもらいました。

なお第1~3章では、私が普段、一人さんとおしゃべりをしている様子を再現しましたので、みなさんも会話に参加しているつもりで、ぜひ楽しく読み進めてくださいね。

この本でみなさんの心が少しでも軽くなれば、こんなに嬉しいことはありません。

〈お知らせ〉

本書には「神様」という言葉が繰り返し出てきますが、ここでは、私たちの命を創造した「大いなるエネルギー」を指しています。特定の宗教における神様ではありませんので、そのことをお伝えしておきますね。

斎藤一人　神様とお友だちになる本

もくじ

第1章

一人さんとみっちゃん先生のおしゃべり①

神様とお友だちになる。それが最強の開運法！

第2章

どこまでもツイてる人生を手に入れる方法があるんです

第3章

みっちゃんはこうやって神様とお友だちになった

一人さんとみっちゃん先生のおしゃべり③

第4章

あなたは、あなただから幸せになれるんだよ——斎藤一人

第5章

もっと人生を楽しむための「命」の話――斎藤一人

装　丁◎根本佐知子（梔図案室）
イラスト◎NJ Design/Shutterstock.com
編集協力◎古田尚子

第1章

一人さんとみっちゃん先生のおしゃべり①

神様とお友だちになる。それが最強の開運法！

自分と親友になってごらん

一人さん　一人さんって、昔からしょっちゅう神社へ行くの。そうすると、俺が成功したのは、神社へお参りしているからですかって聞いてくる人がいるんだけど。

あのね、それは違うんだよ。

神社へ行くのは、俺が神様を好きなだけで、言ってみればレジャーなの（笑）。

じゃあ、一人さんはどうしてそんなに強運なんですかって、神様と友だちだからだよ。いつも神様が守ってくれているおかげで、俺はものすごく運がいいの。

みっちゃん先生　神様とお友だちになるって、どういうことですか？

一人さん　人は誰もが、神様から分《わ》け御霊《みたま》をいただいて、この世に生まれて来たんだよね。

俺たちは、この世界を作った源《みなもと》のエネルギーである大きい神様から、分身みたいな御霊をいただいて生まれた存在。だから、俺たち自身が神様なの。

つまり、神様と友だちになるって、自分と友だちになればいいんだ。

それもただの友だちじゃない。親友になるの。

親友っていうのは、相手のアラを探したり、嫌《いや》がることをしたりしないよね？

どんな欠点があっても親友だったら許してくれるし、周りじゅうが敵になったとしても、親友だけは自分の味方をしてくれる。

あなた自身が、そういう存在になるの。

みっちゃん先生　つまり、自分に優しく親切にする。それから、自分にどんな欠点があろうと、それを許してあげるということですね。

一人さん　その通りだよ。みんな、神様に対する解釈が間違っているの。

自分の一番身近な神様っていうのは、あなた自身なんだよね。

その神様をないがしろにしたり、いじめたりするから、人生がうまくいかないんだよ。

どんな自分でも、全部許してごらん。

自分を愛して、大切にするの。

それって神様を大切にするということだから、神様が喜んで、あなたのことも大切にしてくれる。運だって、いくらでも良くなるよ。

たったそれだけのことなんだよ。

成功できるかどうかも、自分と友だちになれるかどうかにかかっている。

自分と仲良くできない人間が、神様にどんなお願いをしたって無理だよ。

みっちゃん先生　だけど一人さん、自分に優しくするだけで、本当に親友になれるでしょうか？

一人さん　難しそうに思うかもしれないけどね、そんなにリキまなくていいんだ。
だって、親友っていうのは自然にできるものだろ？

みっちゃん先生　あ、そっか！　言われてみれば、大好きな友だちって、気がついたら相手のことを好きになっている。
別に自分で努力しなくても、自然と相手を大切に思うようになっていますよね。

一人さん　だから、何もしなくていいんだよ。
みっちゃんは、ただみっちゃんをいたわって、可愛がるだけでいい。
別に努力なんていらないの。
神様と友だちになるって、すごく簡単なことなんだ。

あなたには神様と同じ存在価値があるんだ

みっちゃん先生　自分と友だちになるって、自分を好きになること。
それが難しく感じられる人は、どんなことから始めたらいいでしょうか？

一人さん　とにかく、自分を低く見ないようにしてごらん。

自分のことを低く見て、いつも「私なんか……」なんて思っているから、周りにもその空気感が伝わって、大切にしてもらえなくなるんだ。

周りから大切にされない人は、またさらに自分を否定するよね。負の連鎖《れんさ》なの。

あのね、自分を好きになるって、まずは自分を否定しないことだよ。

自分の欠点を探したり、アラを探したりするから、みじめになって自分を嫌いになっちゃうの。

あなたの中には神様がいるんだ。

神様であるあなたは、完璧《かんぺき》な存在なんだよ。

みっちゃん先生　自分を否定するって、神様を否定するのと同じ。
考えてみたら、自分を否定するってすごく怖《こわ》いことですよね。

一人さん　そう思えば、自分を否定できなくなるだろ。

でね、普通の人って、たいてい自分のことを神様より下だと思っているんじゃないかな？　だけど、それも間違いだよ。

神様より下だと思うのは、自分を低く見ているってことだから。

さっきも言ったように、俺たちはみんな神様そのものなの。

神様と同じもので作られているんだから、神様より下のはずがないよね。

みっちゃん先生　自分は神様より下だと思うことって、神様へのいじめですね。
これ、多くの人にとって驚きの事実かもしれません。

一人さん　世の中には、「自分たちは神様の創造物だから、神様のしもべでいなきゃいけない」っていう考えの人もいるよね。神様の方が偉いんだっていう考え方。

それはいけないんですかって、別に一人さんは、そういう考えがダメだと言っているわけじゃない。

神様の方が偉いんだって思いたい人は、そういう考え方が好きなんだよね。

神様のしもべでいることが好きなんだから、それでいいの。

でもね、それがその人にとって正解だったら、幸せそうな顔をして生きているはずなの。本当に幸せで、悩みなんてない人生を送っているはずだよ。

だけどそうじゃないんだとしたら、あなたは本当にその考え方が好きなんですかって。

ひょっとして、周りから「こう考えなきゃいけない」って思い込まされてきただけじゃないかいって。

みっちゃん先生　自分が心地《ここち》よくいられる考え方や行動なら、それは自分――つまり神様を大切にしているということだから、神様が喜んでくれて、ご褒美《ほうび》だってもらえるはずです。

だけどご褒美がないということは、自分の考え方や行動が、どこか間違っているという意味なんですよね。

大きい神様と内神様《うちがみさま》は親子みたいなもの

一人さん　俺たちの中にいる神様は、内神様《うちがみさま》って言うの。

そうすると、「神様と友だちになるって、大きい神様と友だちになるんですか？　それとも内神様と友だちになればいいんですか？」って質問されるんだけど。

これね、別にどっちでも同じなんだよ。

そもそも内神様って、大きい神様の分け御霊だから。

みんなは、大きい神様と内神様はバラバラで離れていると思っているかもしれない。だけど大きい神様と内神様は、いつだってつながっているんだよ。

コンピュータで言うと、ホストコンピュータが大きい神様で、それにつながっている携帯端末が内神様みたいなもの。

要は、大きい神様と内神様は、親子みたいなイメージなんだよね。

あなたの中には、大きい神様の子ども（内神様）がいるの。

神様の子どもをいじめながら、親の神様から好かれようったって、そんな自分勝手な話はないよね。

人間と同じように、神様だって、自分の子どもがいじめられたら悲しい。

反対に、自分の子どもが大切にされていたら、嬉しくなる。

自分の子どもを可愛がってくれる相手には、何かお礼をしたくなるんだよ。

わかるかい？


みっちゃん先生　はい！　すごくわかりやすいです。

大きい神様にしてみれば、私たちは「自分の子どもの大親友」ということになりますよね。我が子がいつもお世話になっていて、良くしてくれる相手には、親だったら何でもお礼をしたいと思うのは当たり前です。

喜んで私たちの願いを叶《かな》えてくれますよね。


一人さん　そうだよ。だから、もっと自分を愛せばいい。もっと自分を好きになればいい。自分と親友になるの。

親友に対しては、誰だってアラ探しをしたり、欠点を探したりする人はいないよね。つまり、自分をものすごく大切にすることになる。

そうすると大きい神様が喜んで、奇跡でも何でも山ほど与えてくれるんだ。

でね、自分と親友になったら宝くじなんかもバンバン当選しますかって、そういうことじゃない（笑）。

あのね、そういうわかりやすい幸運が起きるかどうかは問題じゃないの。

運のいい人って、宝くじに100回外《はず》れようと運がいいの。

宝くじには外れても、なぜか他のことで大成功しちゃうんだよね。

本当に神様と友だちになって、神様に味方してもらえたら、宝くじが当選する以上の奇跡が起きるよ。運はいくらでも強くなるんだ。

みっちゃん先生　一人さんを見ていると、それが本当によくわかります。一人さんって、宝くじに当選するより、よっぽど幸せで豊かな人生を送っていますもんね。

天は自ら助くる者を助く

みっちゃん先生　大好きな親友に対しては、相手にどんな欠点があろうとすべて許せますし、無条件で愛せます。

自分にできることは、何だってしてあげたい。

困っていたら、すぐに飛んで行って手助けしてあげたい。

そんな感覚を自分に対して持てたら最高です！


一人さん　そうだよ。でね、自分を大好きな親友だと思って大切にできるようになると、自然と周りの人のことも大切にできるようになるの。

というか、自分を大切にしてこそ、周りも大切にできるんだよね。

自分の欠点を許せるようになってはじめて、人の欠点も許せるの。

だって、自分にできないことを誰かにしてあげることはできないでしょ？

それなのに、みんな自分のことすら可愛がってない状態で、他人に優しくしようとしているんだよ。

無理なことをしようとするから、おかしくなっちゃうの。

あのね、英語を話せない人が、英語塾の先生はできないよ（笑）。

人助けっていうのは、まず自分助けからなんだ。

それなのに、世間では「自分を犠牲《ぎせい》にしてでも人に優しく」なんていうのが崇《すう》高《こう》なことのように思われている。

正しい道と真逆《まぎゃく》のことを教わってきたんだよね。

何十年と刷り込まれてきたその感覚をひっくり返すのは大変かもわかんないけど、間違っていることは間違っているの。

みっちゃん先生　一人さんは、ずっと前から言っていましたよね。
人の為《ため》と書いて、「偽《にせ》」だよって。

自分を殺して人のために生きるって、偽の人生になっちゃいます。

一人さん　そうだよ。「天は自ら助くる者を助く」っていう言葉がある通り、神様は、まず自分を助ける人を助けてくれるの。

みっちゃん先生　多くの人は、神社へ行って「お金が儲《もう》かりますように」「病気が治りますように」「試験に合格しますように」って、いろんなことをお願いします。

だけど神様にお願いする前に、自分を大切にすることを忘れちゃいけませんね。

一人さん　自分を大切にしていると、困ったことは起きないんだよ。

この世の中は、自分との関係がすべてだと言っても過言ではないの。

あなたが自分とどんな関係でいるか。

それが、あなたの人生すべてを左右する。

あなたが自分を可愛がって、とことん自分と大親友でい続ければ、人生は間違いなくうまくいく。

絶対に幸せになれるし、困ったことは起きなくなるんだ。

困ったことが起きないんだから、真剣な顔して神頼みする必要もない（笑）。

人生とは、自分との関係がすべて投影《とうえい》される、鏡みたいなものなんだよ。

みっちゃん先生　本当にその通りだと思います。

2000年に一度の転換期が訪れたんだ

みっちゃん先生　一人さんの教えって、困った時にどうしたらいいかという対処法じゃないんですよね。

人生で困らなくなる方法を、ズバリ教えてくれる。

だって問題が起きない人生なら、そもそも対処法なんて必要ないですから(笑)。

それには心のあり方が問われるということが、今、広くみんなに伝わり始めてきましたよね。


一人さん やっとそういう時代が来たんだよ。聞く耳が持てるようになったということか。

21世紀は、魂《たましい》の時代なの。

魂の時代って、アセンション(魂の次元が上昇すること)する人がどんどん出てくる時代なんだよね。

地球は2000年に1回、エネルギーが転換するとされていて、この転換期を境に人々の意識や文明も大きく変わるの。

で、今ちょうどその転換期を迎え、魂の時代に入った。

これからの2000年でアセンションが進むと言われているんだけど、魂の時代はまだ始まったばかりで、まだまだ精神世界を理解できない人も多いの。

でもね、それでいいんだよ。

古い常識って、そう簡単に抜けるものじゃないからね。

アセンションって言うと、大変革でも起きるようなイメージを持つかもしれないけど、そんな大げさなことじゃない。

まず自分の幸せを考えて、その結果、自然に人の幸せを考えられるようになる。

それをアセンションと言うの。

先に幸せになった人が見本になって、後に続く人をどんどん引っ張ってあげたらいい。それで自然にアセンションは進むんだよ。

1つでもいいから遊びを持ちな

一人さん　自分を大切にするって、1つでもいいから遊びを持つことなの。

今すぐにできる遊びを見つけるんだ。

とにかく、楽しくてワクワクすることをすればいい。

それをしない人は、どうしたって運勢が悪くなっちゃうんだよ。

みっちゃんだったら、恋川純弥《こいかわじゅんや》さん（一人さんもご贔屓《ひいき》の大衆演劇の役者さん）の舞台を観に行くとかね。

どんどん楽しいことをするの。

みっちゃん先生　はい、たくさん恋川純弥さんを応援《おうえん》します！
それから、私は一人さんの側《そば》にいるのも本当に幸せだし、学びがいっぱいあって楽しいから、普段はずっと一人さんといたいなぁ。

一人さん　ありがとう。お弟子さんにそう言ってもらえるのが、俺は一番嬉しいよ。

みっちゃん先生　ちなみに……自分の好きなことがなかなか見つからない人は、どうしたらいいでしょうか？

一人さん　将棋《しょうぎ》だろうがゲームだろうが、何でもいいの。まずは気軽に、今すぐできる楽しいことを探してごらん。間違っても、人に自慢できる趣味《しゅみ》を持とうとか、そんな立派なこと考えちゃダメだよ。

みんなすぐ世間体《せけんてい》とか考えるけど、そんなことしてるから好きなことが見つからないの。あなたが純粋にワクワクすることをすればいい。エッチな本を見るとか、そんなくだらないことでいいんだ（笑）。

それでも好きなことが見つからない時は、2000年かかってもいいから、じっくり探してごらん。

神様は気長に待ってくれるから、時間はたっぷりある（笑）。

で、そう思っていると気が楽になって、2000年も待たなくても、案外パッと面白いことが見つかるかもわかんないよ。

それとね、1つ遊びが見つかっても、そこで歩みを止めちゃいけない。

もっと楽しもう、もっと面白いことをしようって、どこまでも楽しむの。

楽しいことをたくさんすればするほど、運勢は良くなるからね。

生きることに悩むのは遊びが足りない証拠

一人さん　自分を可愛がり始めるとね、その瞬間から幸せになれるの。

みっちゃんが自分のことを大切にすると同時に、みっちゃんは幸せになる。

努力も何もいらないんだよ。

勝手に、いきなり幸せがやってきちゃうんだから。

で、そういう人は周りの人にも好かれるの。

自分がうんと幸せになると、誰かと自分を比べたり、嫉妬《しっと》したりする必要はなくなるから、ほかの人の幸せを素直に願えるようになるんだよね。

だから、誰かが困っていたら手を貸してあげたくなるし、自分にできることだったら全力で協力したいって思う。

そういう人が嫌われるわけないじゃない。好かれて当然だよね。

みっちゃん先生　すごく筋の通った話です。

自分と仲良くする。

自分の欠点を探さない。

自分を褒《ほ》めてあげる。

自分を許す。

それができたら、人生が変わらないはずがありませんよね。

一人さん　それこそ同じ神社へお参りに行くのでもね、自分を卑下《ひげ》しながら行くとご利益《りやく》はないけど、自分の大親友になってから行くと、ものすごいご利益があるよ。

大きい神様は、あなたが神社を訪れるとすぐに「あ、いつもうちの子を可愛がってくれてる人だ！」ってわかるからね。

ありがとう、ありがとうって、あなたが想像もつかないくらいお礼をしてくれるの。本当だよ。

みっちゃん先生　その事実がわかった以上は、自分を可愛がるしかありませんね（笑）。

一人さん　俺たちは、この地球に遊びに来たんだよ。

人生を思いっきり楽しんで、幸せになるために生まれてきたの。

地球というのはそういう星なの。

生きることに悩むって、遊びが足りないからなんだ。

どんどん遊んで、自分の中にいる神様を可愛がってごらんよ。

神様が喜ぶことをすると、運勢がものすごく良くなるの。

そうすると、悩みなんかあっという間に解決しちゃう。

神様は、あなたにワクワク楽しんで欲しいと願っているのに、みんな神様の気持ちを無視して、ひたすらワクワクを抑《おさ》え込んでいる。

ワクワクすることを、悪だと思い込まされている。

あのね、正しいことを悪だなんて思っている人が、幸せになれるわけないよ。

「目の前の楽しみ」に関心がある人ほど豊かになる

みっちゃん先生　「経済力の違いで、人は関心を持つ対象が変わる」ということが、ある調査でわかっているそうです。

経済的に豊かな人は、家族や友人など、自分が大切にしている人たちとの楽しい時間に大きな関心がある。

いっぽう、それほど豊かではないけれど、普通の暮らしができている人の場合、社会や税金に関して興味が強い。

そして暮らしに余裕のない人は、病気や年金、困った時のセーフティネットなどにもっとも関心を持っているのだとか。

一人さん　要は、自分の意識がどこを向いているかだよね。

豊かだから楽しい時間に興味《きょうみ》があるのではなく、楽しい時間に興味がある人が豊かになったの。わかるかな？

あなたの向いている方向が、これから向かうところなの。

病気のこととか、税金が高いとか、そういうことばっかり考えている人は、本当に病気になったり、税金の支払いに困ったりするようになるんだ。

この世には波動（周波数）というのがあって、同じような波動が引き合うの。

「類は友を呼ぶ」という言葉があるけど、似た者同士が自然に集まるのは、波動の法則から言えば当たり前のことなんだよね。

恐《おそ》れや不安の波動の出ているところには、その波動にふさわしい出来事が引き寄せられる。だから、あなたが不満だらけの毎日で嫌な波動ばっかり出していると、間違いなく豊かになれないし、幸せにもなれない。

もちろん、その逆もまた然《しか》り。

いつも豊かで幸せな波動を出している人は、ますます豊かで幸せになるんだよ。

みっちゃん先生　そういう意味では、生活に余裕のない人ほど、もっと目の前の幸せに関心を持つべきですよね。

そうすれば、これからいくらでも豊かになれます。

一人さん　その通りだよ。じゃあ、豊かで幸せな人は社会に無関心なんですかって、そういうことじゃない。

豊かな人は社会にも関心はあるけれど、一番大事にしているのは自分の幸せなんだよ。

みんな自由に生きられる時代になったんです

一人さん　全体主義の時代には、国のために命を捧《ささ》げることも当たり前だったんだよね。誰かを助けようと思ったら、自分が犠牲にならなきゃいけなかった。

だけど、それは豊かじゃない時代だったからなの。

昔は食べるものにも困って、みんなおなかを空《す》かせていた。

そういう苦しい時代には、助け合いをしなきゃ生きていけなかったんだよ。

例《たと》えば家族だったら、貧しくて生活に困っている時代には、両親だけじゃなく兄ちゃんも働いて、弟は子守りして……って、一家で支え合うんだよね。

ご飯も、みんなで分け合って。

貧しい時代には、それはそれで美しい姿なの。

でも今は食べるものが余っている時代で、みんなが豊かに暮らせるようになったの。昔みたいな助け合いは、もういらない時代が始まったんだよね。

人それぞれ、自分の好きなことを楽しんでいいの。

好きなことを我慢したり、諦《あきら》めたりしなくていいんだよ。

もっと自由でいい。

兄ちゃんは設計士になりたい、弟はミュージシャンになりたいって、好きな道へ行けばいいんだよね。

それは一見、てんでんばらばらになっちゃったように思えるかもしれないけど、家族がばらばらになったわけじゃない。

お互い、自由に生きられるようになっただけなんだ。

21世紀は、個の時代なの。

やっと個の時代になったんだよね。

みっちゃん先生　もちろん、病気の人、ケガをしている人などは、誰かの手助けが必要だと思いますが、そういう人のお手伝いをする時には、「してあげたい」という気持ちが望ましいですよね。

「しなきゃいけない」という義務感じゃなくて、私はいつも自由にしていて幸せだから、困っている人のお手伝いをしてあげたいって。

手を差し伸べたい、荷物を持ってあげたいっていう、そういう優しい気持ち。

我慢のないお手伝いだったら、みんな幸せになれるんじゃないでしょうか？

一人さん　その通りだよ。みっちゃんが人のために犠牲になるんじゃなくて、みっちゃんも幸せ、相手も幸せっていうのがいいの。

「私は我慢するから、この饅頭《まんじゅう》はあなたが食べな」じゃない。

ダイエットしてて食べたくないんだったら、それはそれでいいけどね（笑）。

饅頭は山ほどあるんだから、みんなで一緒に食べたらいいんだ。

自由に生きると楽しさが倍増する

一人さん　１人ひとりが自由に自分の幸せを追求する時には、自分の幸せは誰にも邪《じゃ》魔《ま》させない代わりに、自分もほかの人の邪魔をしちゃいけないの。

ところが自分が楽しいことを我慢していると、人が自由に楽しんでいるのが許せなくて、それを邪魔するようになっちゃうんだよね。

だから、まずは自分が我慢しないこと。

あなたが楽しんでいると、自然と楽しい人が集まってくるの。

楽しい者同士が集まれば、誰もお互いの邪魔なんてしないんだ。

私は大衆演劇が好き、私はミュージカルが好きって、お互いが好きなことを話していれば、喧嘩《けんか》になることもない。

ものすごく平和になるんだよ。

みっちゃん先生　それに、ミュージカル好きな人が、「私もたまには、大衆演劇を見てみようかな」ってなると、楽しみだって倍になりますよね！

一人さん　そういう楽しみも増える。どう考えてもそっちの方が幸せだよね。

あなたが楽しく遊ぶと、困ったことは起きなくなるの。

「私の周りには嫌な人がたくさんいて……」っていう人は、自分を可愛がっていないいんだよ。

試しに自分を可愛がってみな。好きなことを、自由に楽しむの。

そうしたら、間違いなく嫌なやつなんて全員いなくなっちゃうよ。

あなたの周りには、いい人ばっかりになる。

実際、一人さんの周りには嫌なやつなんて1人もいないからね。

うまくいかない時は、「何かが間違ってるよ」っていう、神様からのお知らせなんだよ。もっと自分を大事にしなって、神様が教えてくれているの。

考え方を間違っていないかな？

私はここにいて本当に楽しめる？

自分が自分に失礼な言葉や態度、していないかな？

そうやって、何が間違っているのか1つひとつ考えてみな。


みっちゃん先生　それこそ何をしてもうまくいかない人って、いろんなことが間違っているのかもしれません。

そのつらさ、想像しただけで苦しくなります……。

だからこそ楽しいことを考えて、少しでもたくさん遊んで欲しい。

そうすれば、必ず幸せになれるから。

第2章

一人さんとみっちゃん先生のおしゃべり②

どこまでもツイてる人生を手に入れる方法があるんです

できない自分も可愛いんだ

一人さん　以前、ある人に「一人さんの自慢は何ですか？」っていう質問をされて、俺はこう答えたの。

「遅刻や欠席ばかりで、ろくに学校へ行かなかったこと」

「宿題を1回もしていかなかった意志の強さ」

ほかにも、似たような自慢はいっぱいあるんだけど（笑）。

何が言いたいんですかって、一人さんは自分で自分のことを可愛いと思っているんだよ。

遅刻や欠席ばかりとか、宿題をしないとかって、普通は否定的に受け止められるの。そんなことでどうするんだって、叱られるようなことだよね。

周りから責《せ》められるから、本人も「自分はダメな人間だ」と思っちゃうんだよ。

だけど俺は違うよ。遅刻・欠席しまくりの自分や、宿題をしない自分が大好きなの。俺は、どんな自分でも可愛い（笑）。

世間の人の話を聞いてみるとね、自分を嫌いになる理由って、親の言うことが聞けなかったとか、先生の言うことを聞けなかったとか、そういう類《たぐい》なの。かけっこが遅くてみんなにバカにされた、勉強ができなくて親を落胆《らくたん》させたって、そういうことで自分を嫌いになっちゃってるんだよね。

あのね、そんなもの関係ないじゃないかって。

人の目ばっかり気にして自分をいじめてるけど、それじゃ不幸になるよ。

みっちゃん先生　確かに、自分を嫌いになる時って、周りの目を気にしていますよね。

こんな自分じゃみっともないとか、みんなに「すごいね」って言われたいとか。

人にどう思われているかが基準で、自分の考えじゃない。

自分はこれができないから、人に嫌われているに違いない。

だから自分のことは嫌いって。

実は私も昔、そういう経験があります。

私には姉がいて、勉強もできるし、明るくてみんなに人気があったんですよね。

その姉と自分を比べては、「私は勉強もできないし、どんくさくて何をしてもうまくいかない」って落ち込んじゃって……。

一人さん　自分のことが嫌いな人ってね、周りに口うるさい人がいたんだよ。で、そのうるさい人の言うことを聞いたからいけないの。

みっちゃん先生　言われてみれば、そうかもしれません。私も当時はよく、周りから「お姉ちゃんは優秀なのにね」って、そういう言い方をされたんです。

その言葉を真《ま》に受けていたんですね。

「嫌なことはしない＝成功の道」だよ

一人さん　うるさい人がいても、それを聞かなきゃいいの。

そうすれば、自分を嫌いになることはないからね。

俺だって、学校の先生には何度も「遅刻しないで登校しなさい」「宿題をしなさい」って言われたよ。

だけど、先生の言うことは聞かなかった（笑）。

どんなに言われても遅刻したし、宿題を出されてもやらない（笑）。

それをね、我慢して言うこと聞いちゃうからいけないの。

相手の希望に応《こた》えようとするから、鬱陶《うっとう》しく感じるし、相手に腹も立つんだよ。

うるさい人の話なんて、適当に聞き流して聞かなきゃいい（笑）。

そうすれば、相手のことを嫌いになることもないの。

実際に一人さんは、先生の言うことはちっとも聞かなかったけど、先生を嫌いになったことはないからね。

みっちゃん先生　宿題をしたい人はすればいいし、したくない人はしなければいいんですよね。

一人さん　そうだよ。したくない人はしなくていい。俺はしたくない代表なの（笑）。

で、そういう自分だからこそ、出世すると思ったんだよ。

嫌なことは頑《がん》としてしない。

それくらい自分を可愛がっているんだから、出世しないはずがないって（笑）。

で、本当に俺は納税日本一になったの。

人の言うことを聞いて自分をいじめている人と、俺みたく徹底的に自分を可愛がってる人とでは、結果がぜんぜん違ってきちゃうの。

嫌なことはしない＝出世できない、じゃない。

嫌なことはしない＝成功の道、なんだよね。


みっちゃん先生　親や先生が子どもに口うるさくするのは、その子の出世の可能性を摘《つ》んでしまう、残念な行為なんですね。

そう言えばこの前、はなゑさん（一人さんの弟子・舛岡《ますおか》はなゑさん）と話している時に、最近は面白い塾があると聞きました。

子どもがどんなことに興味があるのかを「見つける塾」で、今までみたいに親が一方的に押しつける塾とはまったく違う、新しい形の塾なんだそうです。

一人さん　今はいろんな塾があるんだよね。だけど一人さんに言わせると、塾に行かせるって、あくまでも子どもに勉強させようとしているの。
興味があることを見つけて、それを勉強させようとしている。

もちろん、塾へ行くのが悪いと言っているわけじゃないんだよ。子どもが行きたいって言うんだったら、行かせてあげたらいい。

ただ、俺みたく勉強したくない子もいるの。興味のあることを自分で見つけて、自分の意志でその道に進みたいタイプもいるんだ。

そういう子を、無理やり塾に行かせちゃダメだよね。わかるかな？

でね、大勢が覚えるようなことをさせたって、将来は普通になるだけなんだよ。だって、みんなが知っていることを覚えても、みんなの中の1人になるだけだもの。

みんながやっていることを努力して覚えるって、努力して普通になろうとしているわけだからね。

普通に生きたい人はそうすればいいけど、一人さんは普通になるのが嫌だったの。だから、宿題とか、真面目に学校へ行くとか、そういう普通に生きるための努力はしたくなかったんだよね（笑）。

みっちゃん先生　確かに、普通の場所にどっぷり漬《つ》かっていたら、普通になります（笑）。

一人さん　俺の感覚で言うとね、放っておいても人は普通に生きられるの。

それを、努力してもっと普通になろうとする意味がわからない（笑）。

同じ覚えるんなら、人の知らないことを覚えておいた方がいいっていうのが一人さんなんだ。

で、実際にそれをやった俺のところには、今、本を書いてくださいっていう依頼が出版社からひっきりなしに来るの。なぜ一人さんの本がこんなに求められているのかって、それは俺の言ってることがみんなの常識と違うからだよ。

これからは、みんなが必死で覚えることの多くが、スマートフォンをチョンチョンって操作するだけでわかる時代なの。

そんな簡単なことを、なぜ徹夜《てつや》して覚えなきゃいけないんだって話だよ（笑）。

あなたは最高の前払いを受け取っている

みっちゃん先生　一人さんはよく、「神様は前払いしてくれるよ」って言いますよね？

私たちが何もしなくても、神様はギフトをくださるという話。

そうすると、「私はまだ何ももらっていません」って言う人がいるのですが、

これはどういうことでしょうか？

一人さん　神様は、誰にでも前払いしてくれるの。それを、「まだ何ももらってない」って、あんたが受け取ってないだけだよって（笑）。

あのね、日本って戦争もない、軍隊もないよね。それでいて治安もいい。

自衛隊はあるけど、国に義務づけられるんじゃなくて、みんな自分の意志で入

隊しているんだよね。こんな国、世界じゅう探しても少ないよ。
そういう素晴らしい国に生まれた。それだけで、最高の前払いじゃないかな。
というよりね、そもそも俺たちは人間に生まれたことが幸せなの。
本能で生きる動物じゃなく、自由意志が与えられた人間として生まれた。
これって、ものすごく幸せなことだよ。
あなたはすでに、十分すぎるくらい神様の前払いを受け取っているんだよ。
今はみんな海外旅行をしたり、留学したり、気楽に外国へ行くでしょ？
行きたくない人は、日本で楽しんでいる。どちらも自由なの。
それに比べて渡り鳥を見てごらんよ。俺たちみたいな自由はないよ。
季節が巡《めぐ》るたびに、行きたくなくても海を渡って外国へ行かなきゃいけない。
しかも、飛行機に乗っけてもらえるわけじゃない。自力《じりき》で飛ぶ（笑）。
自由意志があるって、ものすごく幸せなことなんだ。

みっちゃん先生　私なんて、そのうえ、一人さんっていう神様みたいなお師匠《ししょう》さんにも出会えました。こんな素敵な前払いはありません。そうやって、すでに自分は幸せなんだ、神様から最高のギフトをいただいているんだって気づけばいいんですよね。

一人さん　そうだよ。にもかかわらず、「神様はなぜ私だけ前払いしてくれないんですか」「私は神様に見捨てられているんでしょうか」って、とんでもない話なんだ。

みっちゃん先生　考えてみたら、そうやって不幸な考えでいるのも、その人の自由意志ですね。

一人さん　みっちゃんの言う通りなの。幸せでいることを選ぶのか、不幸でいることを選ぶのか、全部あなたの自由意志だよ。

楽しい波動が地球を天国にする

一人さん　事故や殺人のニュースを見聞きすると、やりきれなくなったり、悲しくなったりするよね。俺たちには感情があるから、それは当たり前なの。

でもね、その感情をずっと引きずる人がいるんだよ。

美味《おい》しいものを食べようと思いついても、「アフリカには飢え死にしそうな人がいるのに」とかって、食べるのをためらうの。

自分を可愛がるのをやめるんだよね。

そういうことを考える自分は立派だとか、そういう考えじゃなきゃいけないとか、何かへんてこりんな思い込みがあるんだろうね。

悪いけど、そういうネガティブな波動を出される方が、よっぽど迷惑なの（笑）。

あなたまで一緒に飢える必要はないんだよね。


みっちゃん先生　嫌な波動を出してしまうと、その波動によって、ますます悪いことが起きてしまうんですよね。

だから本当に地球や世界のことを思うなら、自分を可愛がって、いい波動を出すのが正解です。

どれだけ明るい波動を出すか。

私たちは、それを使命として生きているんだと思います。


一人さん　楽しく生きる人をどれだけ増やすか。

それが、これからの地球を救う方法なの。

みんなで楽しい波動を出すことが、この地球を天国にする唯一《ゆいいつ》の方法なんだ。

明るい波動がどんどん広がっていけば、アフリカで飢えている人だって、やがて飢えなくなるよ。

好きなことに夢中になっていればいい

みっちゃん先生　日本って、ものすごく豊かで暮らしやすい国です。
そういう恵まれた環境の中で、何か特別な事情があるわけでもないのに不幸になるのはおかしいって、一人さんは言いますよね。

一人さん　日本に来たくてしょうがない人たちって、世界じゅうにたくさんいるの。

中には、命がけで日本に来ようとする難民もいる。

密入国してでも入りたいって思われるほどの国なんだよね。

それを、最初からここで生まれて、堂々と日本人として暮らせているのに、特に理由もなく不幸になるなんておかしいんだよね。

結局、みんな自分を可愛がっていないの。

一人さんなんか、「西小松川小学校→松江第二中学校→開成高校→東京大学」っていう道が決まっていたのに、自分の意志で中学までしか行かなかった（もちろん、冗談ですからね）（笑）。

それが俺にとっての幸せだったから、どうしても高校や大学へは行きたくなかったの。

人がどう思うかじゃなくて、あなたにとって本当の幸せは何ですかって。

恵美子さん（一人さんの弟子・柴村《しばむら》恵美子さん）って、有名になりたいんだよね。だから恵美子さんにとっては、有名になることが幸せなの。

それを、「有名になって何するの？」とか聞いちゃダメなんだ。

有名になることが目的であって、それで将来何するかは問題じゃない。

俺だってTバックをはいた女性が大好きだけど、Tバックを研究して発売しようとか、そんなことは考えてないからね（笑）。

ただ、純粋にTバックをはいた女性が好きなだけなの（笑）。

好きなことに理由なんかないんだよ。

みっちゃん先生　好きなことは人それぞれ。どんな道に進んでも、楽しかったらそれでうまくいくんですよね。
難しいことは考えないで、好きなことに夢中になればいい。
それでうまくいくようになっています。

一人さん　みっちゃんは大衆演劇が好きで、恋川純弥さんの大ファンだよね。
だったら恋川純弥さんを応援したり、お花をつけたりしていればうまくいくの。

みっちゃん先生　そうすれば、私の中にいる神様が喜んで、幸せな道に導《みちび》いてもらえますよね。

一人さん　そうだよ。でね、好きなことがある人って、ほかの人の好きなことに対しても寛容《かんよう》でいられるの。

「私が大衆演劇を好きなように、あの人はこれが好きなんだね。素敵《すてき》だね」

って、そう思えるんだよね。

テニスが好きな人がいて、ゴルフが好きな人がいて、全部いいねって。

だけど自分に好きなものがない人は、いちいち理屈を言うんだよ。

「ゴルフしてどうするの?」「将来プロにでもなるの?」とか。

そんなこと、関係ないんだよ。

あのね、プロなんてそう簡単になれるもんじゃないの。

プロを目指さなきゃゴルフやっちゃいけないんですかって話だよ(笑)。

楽しいだけでいいんだ。

だってその人、ちゃんと働いて、自分で遊びの資金を稼《かせ》いでいるんだもの。

人にとやかく言われることじゃないよね。

で、働いてない人には、ちゃんと働いている親がいたりして、楽しいことができるようになってるの。何も困らないんだよ。

「今この瞬間」を楽しむことが最優先

みっちゃん先生　歴史をさかのぼってみると、世の中は確実に良くなっている。

それなのに、「世界は破滅《はめつ》に向かって進んでいる」なんて怖いことを言う人がいます。

この世界がだんだん悪くなっていると言うけれど、何がどう悪くなっているんだろうって。

地球は温暖化でダメになっちゃうとか、地球に隕石《いんせき》がぶつかって大惨事が起きるとか、大地震が来るとか、そういう話でしょうか？

一人さん　そういう人たちの主張を聞いてみると、意外と、もっと細かい話なんだよね。犯罪者が増えているとか、自殺が増加しているとか。

だけど実際はそうじゃない。

昔に比べて殺人が増えたとかって言うけど、昔ってね、地方で起きた事件は地方新聞に載《の》るだけで、今みたく全国ニュースにならなかったの。

昔だって日本全国でいろんな事件が起きていたけど、どこで何が起きているか、みんなよく知らなかっただけだよ。

殺人に関してはここ数十年、ずっと減少傾向にあるの。

犯罪件数全体について言えば、確かに2000年頃にはものすごく増加したけど、そこから急減して今は戦後最低水準になった。ずいぶん減っているんだ。

自殺だって、このところ減り続けているしね。

それなのにみんなの不安をあおるようなことばっかり言う人って、心配するのが正しいと思い込んでいるんだろうね。

その延長線上で、子どものことやなんかも心配するのが親の愛だと思っている。

だから「子どもの将来を考えてやるのが親の役目だ」「子どもの将来を考えた

ら、今を犠牲にしてでも勉強させなきゃいけない」とかって、いちいち口出しするんだよ。

でもね、人間っていうのは「今」の連続なの。

一人さんがずっと幸せであり続けているのは、常に「今この瞬間」を大切にしているからなんだ。

みっちゃん先生　将来のことを考えるなら、なおさら今が幸せじゃなきゃダメですね。

一人さん　そういうこと。俺たちは、今を生きているの。

今をどう生きるか。

それ以上に大切なことってないよ。

今を楽しく生きてるかい？

今、あなたは幸せかい？

そう聞かれて、即答《そくとう》で「楽しいよ、幸せだよ」って言えなきゃいけない。

ところが日本人の場合、将来のために今を我慢しろ、なんだよね。

将来のために、今という貴重な時間を使わせようとする。

みっちゃん先生　将来のために、将来使わないものを、我慢して勉強する……。
よく考えてみたら、説得力がないですね（笑）。

一人さん　子どもっていうのは勉強させるものだと決めつけているだけで、親もそう深く考えてないのかもわかんない。

よく考えているんだったら、物事の本質を見極めているはずだから、勉強が嫌だっていう子を無理やり机に縛《しば》りつけるようなことはしないはずだよ。

あのね、嫌がる子に勉強を無理強《じ》いするって、いじめと同じなの。

親の愛でも何でもない。

昔なんて、子どもは勉強しないのが当たり前の時代もあったんだよ。

漁師《りょうし》の子は学校なんか行くもんじゃないとか、農家の子は畑仕事をしていればいいとかって。

子どもが学校に行きたいって言うと、親が怒って猛反対してた時代もあったの。

もちろん、それが正しかったわけじゃなくて、みんな自分の意見はあるんですかって聞きたいんだ。

多数決みたく、みんなが学校へ行くからうちの子も行かせるっていう考えじゃしょうがないよ。

大人も子どもも、もっと自由に楽しまなきゃいけない。

自分の意志で、自分が楽しいことを自由にする。

それが、自分を可愛がるということなんだ。

自分を可愛がれば、一人さんみたく、これ以上ないってくらい豊かで幸せな人生になるよ。間違いない。

俺は何回生まれ変わっても、今の自分で楽しく生きたいね（笑）。

神様を旗頭《はたがしら》に立てると、補助神様も動いてくれる

みっちゃん先生　すごく基本的な質問なんですけど……一人さんって、神様のどんなところが、そんなに好きなんですか？

一人さん　神様はね、この地球を作り、宇宙を作り、すべてを作ってくれたの。にもかかわらず、１円も集金しないんだよ（笑）。

こんなに心の広い人はいない。

だから、俺は神様が大好きなんだ。

神的に生きたいって、そう思うんだよね。

みっちゃん先生　しかも、私たちのことをずっと守り続けてくれ、いろんなご褒美も下さる。もちろんそれも無料。

神様ってつくづく懐《ふところ》が深いなぁって思います。

ちなみに、私たちの中にいる神様って、人それぞれ違う神様なのでしょうか？


一人さん　それぞれの神様はみんな大きい神様につながっているから、結局は同じなんだけど、感覚的には1人ひとり違う神様だと思っていていいの。

斎藤一人は、斎藤一人という神様に守られている。

みっちゃんには、みっちゃんという神様がついてくれている。

あなたには、あなたという神様がいる。

で、これが実に頼りになるんだ。

神様だから何をしても絶対に失敗しないし、どんな願いでも叶えてくれる。

自分を可愛がれば可愛がるほど神様が喜んで、奇跡を起こしてくれるの。

神様を信じていると、自分の力とは思えないようなパワーが湧いてくるんだ。

なぜって、自分の中にいる神様を信じる——つまり、あなた自身という神様を旗頭《はたがしら》に立てると、お付きの神様たちも一斉《いっせい》に力を発揮《はっき》してくれるから。

一人さん　お付きの神様って?

みっちゃん先生　守護霊《しゅごれい》さんとか、指導霊さんのことだよ。

みっちゃんを守ってくれたり、導いてくれたりする、強力な補助神様なの。

だけど補助神様って、みっちゃんという本当の神様が動き出さない限り動けないんだよ。

みっちゃんが自分の中にいる神様を信じなかったり、大切にしなかったりすると、本当の神様は動けない。だって、神様を拒否《きょひ》しているようなものだからね。

そうすると、補助神様も動けないの。

みっちゃん先生　私の中にいる神様に、リーダーとして立ち上がってもらって初めて、周りの応援団も動けるんですね！

一人さん　そういうこと。だからこそ、みっちゃんは自分の中にいる神様を大切にしなきゃいけない。

神様に喜んでもらうために、徹底的に自分を可愛がるの。わかるかい？

みっちゃん先生　はい、わかります！　これからもじゃんじゃん恋川純弥さんの舞台を観に行って、楽しく生きます（笑）。

一人さん　それでいいんだよ。欲しいものがあれば、我慢しないで買えばいい。

何をしてもいいから、とにかく楽しいことを追求するの。

そうやって毎日ワクワクしているとね、自分の中にいる神様はもちろんだけど、補助神様も全力であなたをサポートしてくれるんだよ。

どんなことにも力を貸してくれる。

神様ってね、渦巻《うずま》きみたいなものなんだよね。竜巻や洗濯機もそうだけど、真ん中を回さないで周りだけ回そうったって、そんなことはできないの。

中心となる神様が動かない限り、補助神様は絶対に動かないんだ。

正しい道には必ず実証が伴う

みっちゃん先生　私たちの周りでは、日常的に不思議なことがよく起こります。
例えば、はなゑさんや恵美子さんの講演会でも、来てくださった人の病気が良くなったり、ずっと解決しなかった問題が瞬時に解決したり。

一人さん　はなゑちゃんや恵美子さんの講演会では、神様が喜んでくれるような生き方を教えているの。
この地球では、ワクワクすることや、楽しい遊びをいっぱいしなきゃいけない
よっていうメッセージを、強力なパワーで伝えているんだよね。
そうすると、来ている人の波動が変わっちゃうんだよ。
波動って周波数なんだけど、磁石《じしゃく》みたいな作用があるから、自分が出してい
るのと同じ周波数の人や出来事が引き寄せられるの。つまり、あなたが嫌な波
動を出せば何か問題が起きるし、いい波動を出せば幸運を引き寄せるわけ。
でね、波動が変われば瞬間的に良くなることもあるんだよ。
その場で心身の不調が改善するとか、急にいいアイディアを思いつくとか。
それくらい、人生を大きく左右するのが波動なの。

みっちゃん先生　はなゑさんに聞いたんですけど、10年間もてんかんの発作《ほっさ》を起こし
続けてきたお子さんが、ピタッと発作を起こさなくなった例もあるそうです。
それも、お子さん本人が講演会に来たのではなく、お母さんが講演会にいらっ

しゃっただけなのに。

一人さん　波動は、お互いに影響し合うんだよね。だから、お母さんの波動が良くなれば、そばにいる子どもの波動も自然と良くなる。

子どものてんかんの発作が出なくなるっていうのも、不思議な話じゃないよ。

子どものことばっかり心配しているお母さんが、自分の中にいる神様の存在に気づいて楽しく遊び出したら、それまで引きこもりだった子どもが明るくなって、自分から外の世界に出ていくようになったという例もあるの。

それもやっぱり、お母さんの波動が変わったからなんだ。

でね、そういうのを「実証《じっしょう》」というの。

この世界では、正しい道へ進めば実証が伴《ともな》うようになっているの。

神様が、「それが正解だよ」って実証を出してくれるんだよ。

みっちゃん先生　私たちがワクワク楽しんでいると、もっとワクワクするようなことが実証として起きるんですね。

一人さん　そうだよ。その実証こそが、神様の意志なの。

神ごとには、必ず実証がある。

世の中にはいろんな教えがあるけど、中には、実践した人が不幸になるような間違った教えもある。でもね、実践した人が幸せにならないいんじゃや、どんなに聞こえのいいことを言ったってダメなんだよ。

みっちゃん先生　その点、一人さんの教えは、やればすぐに幸せの実証がある。

今、この瞬間から誰でも幸せになれるし、それでいて一人さんのお話は笑いがいっぱいで面白い。

こんなに楽しい教え、ほかにはありませんよね！

奇跡って日常的なことだよ

みっちゃん先生　一人さんのそばにいると、不思議なことがたくさん起きます。

例えば、昔、私の父が急に体調が悪くなったんです。

そのことを一人さんに伝えると、こんなことを言われました。

「みっちゃんとこのお墓、隣《となり》に木が生えてるでしょ？　その木が根っこを張り巡らせて、お墓の骨壺《こつつぼ》を締め上げてるよ。それでお父さんが苦しんでるんだ」

実は私には、姉の上に兄もいたのですが、姉や私が生まれる前に亡くなったので、そのお墓があったんですね。

当時、まだうちのお墓には墓石がなかったので、私の力でも掘り返せます。

そこで私はシャベルを持って、すぐにお墓へ行きました。

するとどうでしょう！　掘ってみると、一人さんが言った通り、木の根っこが兄の骨壺をギュッと絞《し》めつけているではありませんか。

私は兄に、「痛かったよね、ごめんね」って声をかけながら、木の根っこを丁《てい》寧《ねい》に取り除いてあげました。

すると――間もなく父は元気になったのです。

もちろん、一人さんはうちのお墓へ行ったことなんてありません。お墓の隣に木が生えていることも知らなかったはずですから、本当に不思議な話です。

後に、なぜ骨壺のことがわかったのか、一人さんに聞いてみました。

そうしたら、「そんなことはどうでもいいんだよ。お父さん、元気になって良かったね」って笑うだけでした。


一人さん　そんなことがあったかな？

俺にとって不思議な出来事は日常だから、すぐ忘れちゃって（笑）。

ただ1つだけ言えば、不思議な話っていうのは、「なぜ？」「どうして？」なんて理由を探さなくていいんだよ。不思議なことは、不思議なままでいいの。

でね、一人さんが不思議な話をすると、いろんな人からこう言われるの。

「私も不思議な体験をしてみたいです」

「一人さんみたいに不思議な力があったらいいのになぁ」

あのね、不思議なことが起きるのは特別じゃないんだよ。

誰にでも、普通に起きる。

だって1人ひとりに神様がいるんだから。

不思議なことって、奇跡とも言うんだけど、奇跡は毎日のように起きているの。

みんなすごい奇跡じゃなきゃ気づかないけど、もっと日常的だよ。

自分の神様を旗頭に立てて、補助神様たちがそれをお手伝いし始めると、どんどん奇跡が起きるの。

何気《なにげ》なくテレビをつけたら自分に役立つ番組をやっていたり、人に会えば自分の求めていた話をしてくれたり、本屋ではハッとさせられるような内容の本に出合えたり。そういうの、全部奇跡なんだ。

みっちゃん先生 日常の奇跡、私もよく体験します。

例えば、たまに「あの人は元気かな？」と思った相手に電話をかけるのですが、そうすると相手も私と話をしたがっていて、すごく喜ばれたり、嬉しくなるような話を聞かせてくれたりするんです。

ほかにも、外出先で何気なく耳に入ってきた誰かの会話が、「今の話、私が最近ずっと考えていたことの答えだ！」なんてこともあります。

そういうのって偶然じゃなくて、私の中にいる神様からのギフトなんですよね。

一人さん そう。全部みっちゃんの神様がくれたものなんだ。

で、そういう奇跡に気づけるようになると、さらに奇跡が起きるようになるよ。

俺の場合だとね、ドライブをしている時に、やたら「49」の数字が入ったナンバーの車と出くわすの。それは神様からのサインでね、「今やっていることは正しいよ」っていう意味なんだ。

ずっと神様と友だちでいると、そういう神様からのサインもはっきりわかるようになる。まるで神様と対話してる感覚で、すごく楽しいの。

自分を可愛がっていると、些細《ささい》なことから、大きな仕事につながるアイディアまで、奇跡ってたくさん起きる。楽しく生きなきゃ損《そん》だよ。

1個楽しみが増えると、1個悩みが消える

一人さん　この前、ある人からこんな質問を受けたんだけど。

「自分の弱点を棚にあげて、他人を攻撃ばかりする人がいます。どう対処《たいしょ》したらいいですか？」

あのね、そういう嫌なやつは俺の周りにいたことがないから、よくわからない

んだよ（笑）。嫌なやつがいないから、対処する必要もないんだよね（笑）。

要は、自分を愛して神様と友だちになれば、嫌なことは起きなくなるの。嫌なやつだって現れなくなる。

自分の好きなことを楽しんでいたら、本当に俺みたく、周りにいい人ばかり集まってくるようになるんだ。

みっちゃん先生　人って波動ですからね。自分がいい波動で生きていると、同じように、いい波動の人しか集まらなくなります。

私も、昔は人間関係で悩んだこともありますが、一人さんから楽しく生きることを教わってからは、いい人だけに囲まれて幸せな毎日です。

一人さん　結局、人に嫌なことをする人も、される人も、どちらも遊びが足りないんだよ。もしあなたの周りに１人でも嫌なやつがいるんだとしたら、「私に足りないのは遊びだな」って思えばいいよ。

で、何でもいいから楽しいことをする。

嫌なやつをどう追い払うかってことに神経を使うより、自分が楽しんじゃった方が確実に効果的だし、よっぽど簡単だもの。

みっちゃん先生　そうですよね。自分が楽しんでいると、人から何を言われようと、そんなに気にならなくなるというメリットもありますから。

一人さん　人間ってね、1個楽しみが増えると、1個悩みが消えるようになっているの。運がいいって、そういうことなんだよ。

何でもいいから遊べばいい。

お小遣《こづか》いの範囲《はんい》でできることだったら、競馬《けいば》だろうがパチンコだろうが、麻雀《マージャン》をしようが自由なの（一人さんはギャンブルをしませんよ）。

ギャンブルなんてバカバカしいとか、人に言えなくて恥ずかしいとか、そんなこと思う必要はない。

だって自分のお金で、無理のない範囲で楽しむのであって、誰かに迷惑をかけるわけじゃないからね。何をしてもいいんだよ。

存在するだけで助けてもらえる人になる

みっちゃん先生　世の中には、すぐに短気を起こす人がいますよね。例えば、電車や飛行機で子どもが泣くと、イライラして怒っちゃう人とか……。

そういう人も、私は「遊びが足りないんだろうなぁ」って思います。一人さん、十分に楽しんでいる人は、些細なことでイライラしませんよね？

一人さん　そうだね。ちょっとしたことですぐイライラするって、自分を可愛がっていない証拠《しょうこ》だよ。神様と友だちになっていないの。

自分に我慢ばっかりさせているから、人にも我慢を求めちゃうんだ。

親きょうだい、友だち、会社の同僚……って、みんなに我慢させようとする。

果ては、幼子《おさなご》にまで我慢を強《し》いるんだよね。

そうすると、周りも嫌な波動を出し始めるから、不幸の連鎖なの。

あなたが自分をいじめると、周りじゅうみんなが大迷惑する。わかるかい？

自分の中にいる神様をいじめる。ほかの人の中にいる神様もいじめる。

そんなひどいことをしながら、「神様はちっとも願いを叶えてくれない」って、そりゃ無理な話だよって（笑）。

でね、すぐ怒る人って、普段の顔からもう怖いんだよ。

ものすごく不満を抱えているような顔になっちゃってるの。

どんなに顔立ちが綺麗《きれい》でも、そういう人はおっかないから、俺は近づきたくないね（笑）。

みっちゃん先生　確かに、遊びが足りている人って、みんな観音様《かんのんさま》みたいなお顔。

誰が見ても幸せそうで、本当に優しい穏《おだ》やかな表情です。

そういう人は顔だけじゃなく、心も優しくて温《あたた》かいから、みんなに好かれる。


一人さん　みっちゃんが、まさにそういう人だよね。

どこへ行っても相手に好かれるし、誰とでもすぐに親しくなれるの。

ご飯を食べに行けば、お店の人がキャベツだの大根だのって、帰り際《ぎわ》にいろんなものをくれるんだよね（笑）。

みっちゃんって、行く先々でお土産《みやげ》をいっぱいもらうの。

それって、みっちゃんが自分を愛しているからだよ。

だから人からも愛されて、みっちゃんが顔を見せに行くとみんな喜んじゃう。

もしみっちゃんが全財産を失ったとしても、みんなが放っておかないよ。

道を歩くだけで、「これ食べな」「あれ持っていきな」って、いくらでもみんなが助けてくれるから、全然困らないだろうね（笑）。

みっちゃんはここに存在するだけで、みんなが助けてくれるんだ。

第3章

一人さんとみっちゃん先生のおしゃべり③

みっちゃんはこうやって神様とお友だちになった

自分を可愛がってうつ病を克服！

みっちゃん先生　私は20代の頃、うつ病から拒食症《きょしょくしょう》になってしまい、15kg近く体重が落ちてしまったことがあります。心も体もどん底の状態で、今振り返っても、あの時ほどつらい経験はありません。

死にたくないから、何とかしてご飯を食べたい。

それなのに、どうしても食事がのどを通らないんです。

どうしたらいいのかわからず、このままじゃ本当に死んじゃうかもしれないと、恐怖に震《ふる》えるばかりでした。

そんなある日、ふと一人さんに会いたいなぁって思ったんです。

一人さんは、昔から私のことをすごく可愛がってくれて、いつも元気づけてくれました。言ってみれば、私の元気の源みたいなお兄さん。

一人さんに会ったら、この苦しい状況から抜け出す道が見つかるかもしれない。

そう思ったんです。

でも、今みたいに携帯電話なんてありませんから、なかなか一人さんに連絡がつきません。

どうしたものかと考えあぐねていると、偶然にも、いとこが結婚するという話が耳に入ってきたのです。その瞬間、光が差し込んだ思いでした。

なぜって、結婚式には一人さんも出席すると聞いたから――。

お式は数か月後です。その日までは、何とか生き延びなきゃいけない。

とにかく一人さんに会うことだけを望みに、その一縷《いちる》の光を見ながら私は生きながらえました。

そして無事に一人さんと再会し、私は命を救われたんです。

一人さん　あの時、みっちゃんは全然遊びが足りてなかったよね。

自分のために、何ひとつ楽しいことをしてあげていなかった。

だから俺は、ステーキ食べな、買い物しなって、毎日のようにみっちゃんを連れ出したんだよな（笑）。


みっちゃん先生　そうそう。一人さんが「ぶ厚い肉をじゃんじゃんバリバリ食べてる人って、うつ病のイメージ全然ないだろ？　だからステーキ食べな。病気なんて吹っ飛んじゃうから」って（笑）。

それから、「東京靴流通センター（リーズナブルな大型靴店）」にも通い詰《つ》めて、しこたま靴を買いこんだ（笑）。あんまり買いすぎて、家に置ききれなくなっちゃったから、車のトランクにまで入れていたくらいです（笑）。

ほかにも、ブローチに凝《こ》って買い集めたりもしました。

靴もブローチも、買ったのはお安いものばかりでしたけど、あんなに買い物をしたのは初めてでした。

そうやって自分のためにうんと買い物をしたり、おいしいステーキを食べたりしたことで、私はどんどん元気になっていったんです。


一人さん　みっちゃんは、あの時ようやく自分を可愛がれたんだよ。

自分を可愛がり出したから、みっちゃんは変わることができたんだ。

だって自分のために楽しいことをしている人が、ノイローゼだのうつ病だのって、そんな病気になるはずがないよね。

自分にいっぱいご褒美をあげるって、自分の中にいる神様を大切にするのと同じことなんだ。

みっちゃんがおいしいものを食べて、買い物をしたことで、神様が喜んだの。

うつ病を克服《こくふく》することができたのは、神様とお友だちになれたからなんだよ。

みっちゃんは「褒めの達人」になりな

みっちゃん先生　私は子どもの時からずっと自分に自信がなくて、「私はダメな人間だ」って思い込んでいました。姉がオールマイティなタイプでしたから、いつも姉と自分を比べてため息ばかり……。
そういう自信のなさを打ち消してくれたのも、一人さんでした。

一人さん　今のみっちゃんって、いつもキラキラ輝いている。

みっちゃんに憧《あこが》れている人、すごくたくさんいるよね。

だけど昔のみっちゃんは、よくこんなことを言っていたんだ。

「あの人すごいよね、それなのに私は……」

自分を人と比《くら》べるクセが染み込んじゃってるから、何かあるたびに、自分の不《ふ》出来《でき》を嘆《なげ》いて落ち込んでいたの。

でもね、人はみんなそのままで完璧なんだよ。

誰もが、神様と同じだからね。

みっちゃんが自分で、要領《ようりょう》が悪いとか、どんくさいとか思っていようが、そのままのみっちゃんでいいの。悪いところなんかひとつもない。

要領が悪いって、じっくり物事に向き合える長所だよ。

どんくさいんじゃなくて、慎重《しんちょう》なだけ。

自分で自分のことをダメだなんて思っちゃいけないの。

もしダメなところがあったとしても、そこがまた可愛いんだよ。

だってあなたという人間は、意味があってそういうふうに生まれて来ているんだから。そういうあなただから、素敵なの。

みっちゃん先生　一人さんって、私がどんなに人と自分を比べて落ち込んでいても、絶対に呆《あき》れたり叱ったりしないんです。

それどころか、こんなふうに言ってくれました。

「みっちゃんは優しいね。そうやって相手のいいところが見えるっていうのは、ものすごい宝だよ。それだけ気づけるんだから、本人を直接褒《ほ》めてあげな。みっちゃんは、褒めの達人になれるよ」

この言葉に、どれだけ救われたかわかりません。


一人さん　だって本当のことだからね。物事は、一面しか見ないから「ダメな人間だ」とかって思うの。反対側から見てみたら、ダメだと思っていたところは、実は自分の強力な長所になるんだよね。

みっちゃんは、人のいいところがよく見える。だったら、相手に「あなたはここが素晴らしいね」って伝えてあげたらいいんだ。褒めてあげるの。

そうしたら相手はものすごく喜んで、みっちゃんに良くしてくれるようになる。

それが嬉しくて、みっちゃんはまた相手を褒める……という、プラスの連鎖ができるじゃない。それってみんなが幸せになれる、最高の方法だよね。

みっちゃんは、褒めの達人になって幸せになる定めなんだよ。

顔立ちのいい人は心も綺麗

一人さん　みっちゃんって、顔もすごく素敵なの。

柔らかくて、清潔感があって、品のある、本当に優しい顔。

笑顔だってすごく可愛いんだよ。

そんなみっちゃんだから、ますますみんなに好かれちゃうし、俺だってみっちゃんの味方になったの。一人さんってね、どんなに綺麗な顔立ちをしていても、意地悪そうな顔の人は嫌いだから（笑）。

みっちゃん先生　そんなふうに言ってもらえて嬉しい！

ありがとうございます！

だけど、外見って本当に大切なんですよね。

神の摂理《せつり》では、そもそも外見というのは、その人に見合うように作られているそうですが。


一人さん　そうだよ。でね、その観点で言うと、外見で恋人を選ぶって実は正しいの。

顔立ちのいい人っていうのは、実際のところ、心まで綺麗なんだ。

心根《こころね》の良さがにじみ出ているから、顔立ちが良くなるんだよね。

みっちゃん先生　顔立ちがいいのは、自分のことも可愛がっている証拠でしょうね。
そういう人は幸せなオーラが出ているから、みんなに可愛がられて、性格もひねくれてないと思います。

一人さん　そうなんだ。つまり、人間は外見じゃないって言う人は、「人は外見だよ」っていう論理が自分に都合《つごう》が悪いから、捻《ね》じ曲げているだけなんだよ（笑）。

今すぐにできる小さなことで楽しむ

みっちゃん先生　私は一人さんとステーキを食べに行ったり、靴を買ったり、ブローチを買ったりすることで、自分を可愛がるきっかけをもらえました。

今は、一人さんとドライブすることも、恋川純弥さんの応援も好き。

それから神社巡りという趣味も加わって、どんどん「楽しい」が増えてきているんです。

一人さん　みっちゃんのやり方って、まさにみんなのお手本なの。

みんなも、まずはみっちゃんみたく買い物するとか、好きな音楽を聴《き》くとか、映画を観に行くとか、そういう簡単にできる好きなことから始めたらいい。

それを、「やりたいことをするのは勇気がいります」とかって、最初から大それたことをする必要はないんだよ。考えることが重すぎる。

刺繍《ししゅう》が好きとか、絵を描くのが好きだとか、そんなことでいいからやってみな。

簡単なことで神様が喜んでくれるでしょうかって、簡単にできないことをやろうとしても、神様は喜ばないよ。

だって、難しいことは楽しくないから（笑）。

神様が喜んでくれるのは、あなたが楽しんでいる時なの。

そのためには、あなたにできる簡単なことをするしかないよね？

で、簡単なことで自分を可愛がっていると、だんだん大きいこともスムーズにできるようになるんだよ。

勇気を出さなきゃいけないようなことは、まだあなたには荷が重すぎるの。

階段が高すぎるんだよね。


みっちゃん先生　甘いものが好きな人だったら、おいしいケーキを食べに行くとか。

そういう簡単な「好き」を続けているうちに、だんだんハードルの高い趣味も無理なくできるようになるし、人生もトントン拍子《ひょうし》にうまくいく。

そういうことですか？


一人さん　その通りだよ。いきなり大きいことを成功させようとするからいけないの。

大きいことができるとすごいって思うけど、すごいことはパッとできないよ。

そんなことより、今すぐにできる小さいことで楽しんだ方がいい。

そうすれば、この瞬間から自分を大切にできるし、神様も喜ばせられるよね。

神社参りはレジャーだよ

一人さん　みっちゃんはよく、神様と話してるよね。

「これでいいのかなって、神様に聞いてみた」とか言うでしょ？　まるで世間話をするように、神様と会話をしている。

もう完全に、神様とお友だちだよね。

みっちゃん先生　自分ではあまり意識していなかったのですが、言われてみると、よく「私はこうしたいんだけど、どう思う？」みたいな感じで、神様に質問をしています（笑）。

神様に質問するって、要は自分に対して言葉をかけるだけで、その場で何か答えが返ってくるわけじゃないんですけど。自分に対してつぶやいて終わり。

でも不思議なのですが、そうやって神様に聞いておくと、心配事や問題はいつの間にか解決しているんです。

一人さん　そういうものだよ。答えなんか求めなくても、みっちゃんの思っていることを神様に聞いてもらったら、後は勝手に神様が解決してくれちゃうから。

みっちゃんはすでに神様と友だちになっているから、悪いことなんて起きようもないし、心配することないんだ。

みっちゃん先生　そう言ってもらえると、心強いです！

やっぱり神様が味方についてくれていると思うと、ものすごい安心感がある。

だから神社へ行っても、別にお願いごとってないんですよね。

楽しいから行く。ただそれだけで、神社で改めてお願いごとなんかしなくても、もう毎日楽しいし幸せだから。

一人さん　みっちゃんも、俺と同じように、神社へ行くのはレジャーなんだよね（笑）。

もちろん、神様に「お金持ちになれますように」「病気が治りますように」とかってお願いするのがいけないわけじゃないよ。

ただ一人さん流で言うと、俺たちみたく、神社へ行くことを楽しんでいる人が来ると、その神社にいる神様が喜んで願いを叶えてくれるんだよ。

何度も言うけど、神様は、楽しんでいる人が大好きだからね。

で、お参りする時には、

「私はこうやって、神社へ来るのも楽しませてもらっています。自分のことを可愛がっていますよ」

って報告すればいい。そういう人に、神様は途方《とほう》もないご褒美をくれるんだ。

これが、一人さん流の神社の捉《とら》え方なの。

逆に一番しちゃいけないのは、悲痛な顔をして「この願いを叶えてもらうために塩断ちします」「酒を我慢します」って、自分につらい我慢を強いることだよ。もちろん楽しい願掛《がんか》けはいいんだよ。

神様って、人に我慢とか忍耐《にんたい》とか、そんな苦労は与えないから。

楽しく遊んでいれば願いごとなんていくらでも叶えられるのに、なぜ願いを叶えてもらうために我慢しなきゃいけないの？　それ、おかしいよね。

神様に「言霊《ことだま》」というご馳走をあげてごらん

みっちゃん先生　神様は、愛と光です。キラキラして温かくて、安心感がある。

そんな神様のことを考えるだけですごく楽しいし、いつも守ってもらってありがたい。だから私は毎朝、家にある観音様に、お水を差し上げながら感謝の言葉を伝えるんです。

それから、お風呂に入っている時とか、ちょっと時間ができた時にも手を合わせて「〇〇に感謝します」って。

自分も人も明るい気持ちになる「天国言葉」や、神様が一人さんに授けた言葉「白光《はっこう》の誓い」などもよく唱《とな》えています。


一人さん　みっちゃんは、自分の魂――つまり、自分の中の神様が喜ぶ言葉を使っているんだけど、それって自分の中の神様にご馳走《ちそう》をあげているの。

自分の中の神様と会話して、ご馳走を差し上げるという、神ごとをしている。

言葉のご馳走って、言霊《ことだま》なんだよね。

だからみっちゃんが神様にご馳走をあげると、そのご馳走の言葉通りの現実が与えられるの。

「愛してます」「感謝してます」っていう言霊からは、もっと愛を感じるような出来事や、感謝したくなるような幸運がもたらされるんだよね。

みっちゃんは、もう何十年も神様にご馳走をあげ続けているでしょ？

みっちゃん先生　そういえば、ずいぶん長く続けています。

もしそれが私にとって苦痛なことだったら続いていないと思いますが、神様にご馳走を差し上げることも楽しいから、勝手に続いているっていうか。

一人さん　そういうみっちゃんだからこそ、神様はどんな問題でも解決してくれるの。

そして、それが大きな安心感をもたらす。

みっちゃんが、人と差がつくのは当たり前だよ。

白光の誓いって、神様が俺にお知らせしてくれた言葉なんだけど、俺よりみっちゃんの方が唱えているくらいだよね（笑）。

天国言葉

愛してます　感謝してます
ツイてる　幸せ
うれしい　ありがとう
楽しい　ゆるします

白光の誓い

自分を愛して他人を愛します
優しさと笑顔をたやさず
人の悪口は決して言いません
長所をほめるように努めます

1人につき何人もの神様がついている

一人さん　ちょっと話は変わるけどね、日本にはものすごくたくさんの神様がいるの。

それは、日本人が森羅万象《しんらばんしょう》に神様を見出してきたからなんだよね。

日本にはもともと「ワンネス」っていう考えが昔からあって、神のエネルギーでできているものは、みんな神様とされてきたの。

すべては神様と同じっていう観念。

木を見ても、岩を見ても、火を見ても、水を見ても、あらゆるものに神様の気《け》配《はい》を感じるのは、どれも神様から生まれたものだからなんだよね。

もちろん、人間だってそうだよ。

砂糖で作ったお菓子は、形は違っても同じ砂糖菓子だよね。

お城を作ろうが、車を作ろうが、どれも砂糖。
それと同じように、この世界に存在するものは、すべて神様が宿《やど》っているんだ。
そうすると、当たり前だけど神様が増えちゃう。

みっちゃん先生　日本全国に、神が宿る御神木《ごしんぼく》や岩座《いわくら》がありますよね。
それから、神様のいる場所には「しめ縄《なわ》」がかけられますが、それもいろんな場所で見かけます。お相撲《すもう》さんの横綱《よこづな》もしめ縄を締めますが、それも、横綱が神様の依《よ》り代《しろ》（御神体《ごしんたい》）である証《あかし》だと言われていますよね。

一人さん　そうなんだ。あのね、古代の神話では、日本の人口が100万人くらいの時に、神様が800万人いたって言われているんだ（笑）。
「八百万《やおよろず》の神」っていう言葉は、そこから来ているの。

みっちゃん先生　人間1人に対して、神様が8人も⁉

一人さん　ものすごくご利益ありそうでしょ（笑）。
そういう考えの日本だから、俺は大好きなの。

みっちゃん先生　日本って、知れば知るほどいい国ですよね。
ちなみに今は、人間1人に対して、神様も1人になったんですか？

一人さん　今だって、1人に対して何人もの神様がついてくれているの。

大きな神様からの分け御霊は1人だけど、補助神様がいるでしょ？

守護霊さんとか、指導霊さん。

それとは別に、自然界にもいっぱい神様がいる。

そうすると、「これだけたくさんの神様がついているのに、どうして私の人生は良くならないんですか？」とかって言う人がいるの。

あのね、神様って、間違って不幸な方へ進んでいる人がいても「学んでるな」としか思わないいんだよ。

親は、子どもが一生懸命勉強してたら、止めないで見守るでしょ？

それと同じなの。

だから「私の人生、ちっとも良くならない」と言ってる人も、学んで気づいたら、絶対にうまくいくようになっているんだ。

焦《あせ》らなくても大丈夫。猶予《ゆうよ》は2000年もあるからね（笑）。

神様の感覚ってすごいよ（笑）。

神様に対してすら真面目はいらないよ

一人さん　これだけたくさんの神様がいると、どれがどの神様かわからなくなって……っていう人も多いよね。だけど、それでいいの。

みっちゃんみたく、趣味の世界で神様が好きな人は詳《くわ》しく知ればいいし、そうじゃなければ、ただ「神様」と思っておけばいい。

だいたい、神様の名前って、舌を噛《か》みそうな難しい名前が多いからね（笑）。

そう言えば、こんな面白い話があるんだ。

ある人が神社へ行ったら、ちょうどお祭りがあって、準備をしている人がいたんだって。ちょうどいいからって、聞いてみたの。

「この神社の御祭神《ごさいじん》は、どの神様ですか？」

みっちゃん先生　それで、どんな答えが返ってきたんですか？

一人さん　「え、ゴサイジン？　……あぁ、御賽銭《おさいせん》ですね。あちらにありますよ」だって（笑）。神社でお祭りの係をしている人ですら、「御祭神」っていう言葉を知らなかったくらいなの（笑）。
普通だったら「けしからん」ってなりそうだけど、そんなの別に知らなくてもいいんだよ。神様はそんなこと気にしない。

あのね、神様に関わることだからって、急に真面目になる必要はないの。

真面目になるとつまらなくなる。そっちの方が、神様は悲しむよ。

神様の名前を知らなくても、あなたが楽しんでいることが神様の一番の喜びだからね。

で、お祭りと言えば、御神輿《おみこし》も出るよね。

御神輿って、神様が乗ってる輿なんだけど、それを担《かつ》いでいるお兄さんたちだって、何の神様を担いでいるのか知らない人が結構いるらしいの。

御神輿を担ぐのがかっこいいから好きだとか、お祭りが好きだからっていう理由で担ぎ手になってる人、多いんだよね。

そもそも、御神輿に神様が乗ってるっていうことすら教わっていない人もいるくらいなの。でも、そんなことどうだっていいんだよ（笑）。

みっちゃん先生　大事なのは、楽しくワッセワッセと担ぐことですよね。

一人さん　その通りだよ。だから神様の名前なんかも、覚えたい人だけ覚えたらいいの。でも、覚えたからってご利益が倍になるかっていうと、それはない（笑）。
自分を助けるのは、自分の中にいる神様だからね。

人はみんな成長し続けるんだ

一人さん　神様って、ものすごく気が長いんだよ。なりたい自分になかなかなれなくても、2000年かけて学べばいいからねって。

だって、どんなことを教えてあげても、やらない人はやらないから。

自分で気づいて、自分で決めたことしか人はできないんだよ。

それがなかなかできない人もいるけど、神様は2000年という時間を与えてくれているの。

みっちゃん先生　もし、２０００年かけてもできない人はどうなるんでしょう？

一人さん　大丈夫だよ。さらに2000年くれるから（笑）。

ただね、「個」で生きることの大切さを知るには、どんな人でも2000年あれば十分なんだよ。

で、個で生きることの幸せを見出したら、また次の問題が出てくる。

そうやって、俺たちの魂はずっと学び続けるんだ。

みっちゃん先生　思いが変われば、人は一瞬で幸せになれる。

その観点から言うと、２０００年も必要ない人の方が多そうですね。

一人さん　そうだよね。人は一瞬で幸せになれるんだということがわかりさえすれば、その瞬間から幸せになるから、２０００年なんて必要ない。

この瞬間から変われるんだ。

で、変わった時には、また一歩先を見たらいい。

階段を1段ずつ登っていくように、一歩一歩、成長していけばいいんだよ。

命とは「生き通し」

一人さん　人生に失敗はない。みんな正しいんだよっていう話をすると、よく聞かれるの。

「一見いばらの道のように思えても、それは自分に必要な道ですか？」

「苦しみから逃《のが》れられない人生も、神様の意志なんですか？」

この答えはね、まず、神の道にいばらの道っていうのはないんだよね。

神の道じゃないから、いばらの道なんだよ。わかるかな？

みっちゃん先生　なるほど、確かに！　ということは、苦しみから逃れられない人生も、神の道からそれているから苦しいわけですか？

一人さん　そういうことだよ。でね、神様に守られている人は、死んでもおかしくないような事故や災害に遭《あ》っても、死なないの。

俺はそういう経験はないけど、もし事故や災害に巻き込まれたとしても、死なないっていうのは確かだよね。

みっちゃん先生　一人さんって、小さい時から病気がちで、お医者さんに何度も「もうダメかもしれません」って言われていましたよね？

だけど、今も元気に生きている。

神の道を歩いている人は、やっぱり守られているんですね。

一人さん　そうだろうね。ただ誤解を恐れずに言えば、死んだ方がいい時には、死ぬようになっているの。

死なないだけが、神様に守られているってことじゃない。

みっちゃん先生　私たちの魂は、この世に生まれてくる前に「今世《こんせ》は、こういう人生にしよう」って、自分でシナリオを描きます。
そのシナリオで、「今世はソウルメイト（魂の仲間）を成長させてあげるために、若くして命を終える」と決めて来ている人もいて、そういう人は小さい時に亡くなったりして、周りの人に何か大事なことを教えるんですよね。

一人さん　みっちゃんの言う通り、そういう役割をあの世で喜んで引き受けてきた人は、早くに亡くなることもある。

だからって、その人が神様に守られていないわけじゃない。

どんな人でも神様に愛されているし、守られているんだよね。

みっちゃん先生　そもそもこの肉体は、今世、寿命《じゅみょう》を迎えると滅びるけれど、魂はどこまでも生き続けます。
肉体が死んだら、魂はまたあの世に誕生するんですよね。

一人さん　そうだよ。だから、生きることの反対は、死じゃない。生きるって「生き通し」なんだ。
この物質の世界で言えば、肉体には寿命があるけど、魂に寿命はないんだよ。

自殺に、いいも悪いもないよ

みっちゃん先生　命の話になると、よく「自殺はいいんですか、悪いんですか」という質問が出てきます。

一人さん　その答えは、いいも悪いもないんだよね。だって俺たちは死なないから。

自殺しようとしたって、死なないの。

あなたは死んだつもりでいるけれど、魂は死なない。

生き続けるんだよね。

だから、許すも許さないもない。

もっと言うとね、あの世は許ししかないところだから、みんな許しなんだよね。

この世で自殺したからって、あの世へ行った時にはりつけになるとか、打ち首になるとか、そんなことあるはずがない。

肉体は死んじゃってるから、もう肉体を痛めつけられるなんてことはないの。

みっちゃん先生　もし自殺したとしても、あの世に行った後で「間違えちゃったな」って反省して、来世《らいせ》生まれ変わる時にその学びを生かせばいいですよね。

一人さん　そうだよ。別に、誰に責められるわけでもないんだ。
でね、なぜ自殺する人がいるかって言うと、それも遊びが足りないからなの。

みっちゃん先生　楽しんでいる人が、自殺するわけがありませんね。

一人さん　でしょ？　人の言うことを聞きすぎたり、我慢したり、そうやって苦しんじゃうから自殺したくなるんだよね。
自分を可愛がっていないの。
自分と友だちになれば苦しくなることもないし、自殺なんてしないよ。
だいたい人の言うことばっかり聞いてるのって、生きながら自殺してるようなもんだよ。それ自体が自殺なの。

みっちゃん先生　本当ですね。そういう意味では、この世には、生きながら自殺している人っていっぱいいますね……。

一人さん　みんな、常識とか、わけのわからない教えとかで、自分をがんじがらめにしすぎだよ。

自分を縛りつけちゃってるの。

そういうのは自殺行為なんだって気づいて、早く自分を自由にしてあげなきゃいけないよ。

第4章

あなたは、あなただから幸せになれるんだよ

斎藤一人

好きなものにタブーを設けていないかい？

一人さんのお弟子さんって、みんな成功しているんです。

今もなお、成功し続けている。

その理由は何ですかって、楽しくやっているからなんだよね。

楽しくやっているというのは、会社へ行かないとかじゃないの。

会社へ行きながら好きな音楽を聞くとか、休みの日に好きな映画を観に行くとか、将棋をするとか、ゲームをするとか。

俺だったら、コンビニへ行った時はエッチな本を買うとか（笑）。

そういう、自分のできる範囲の楽しいことをやっているんだ。

要は、いつも自分を楽しませていますかってことなの。

自分を楽しませる——つまり、自分の中にいる神様を楽しませることすらできないで、神社へ行ってお参りしたってしょうがないよ。

簡単な問題もできない人に、難しい問題なんかできるわけがないでしょ？

それと同じなの。


楽しいことって、いくらでもあるんだよ。探せばどこにでもある。

で、探してみたら本当はエッチな本が好きとか、Ｔバックをはいた女性が好きとかわかったとするよね（笑）。

だけど多くの人は、それをいけないことだと思っているんだよ。

エッチな本や、Ｔバックをはいた女性が好きだって言ったら、人のひんしゅくを買うだろうな……とかって、好きなものにタブーを設《もう》けちゃうんだよ。

だから始まらないの。

あのね、好きなことって、法に触れること以外だったら何でもいいんです。

そもそも自分の金で買うんだから、俺がエッチな本を買おうが『広辞苑《こうじえん》』を買おうが、俺の自由だろって（笑）。

人の金で買うわけじゃないんだから（笑）。

タブーを設けすぎて、その中で好きなものを探すからいけないの。

そのタブーの中に好きなものがあるかもしれないんだよね。

で、どんな「好き」でも、全部あなたの自由なんだよ。

女装が好きだったり、男装が好きだったり。

人に怒られるのがたまらないっていう、怒られマニアだっているよ（笑）。

どんな趣味を持ってもいい。もっと楽しいことを広げたらいいんだ。

それを、うんと狭めようとするんだよね。

精神論を唱えている人とか、神ごとをやっている人やなんかは、特にそうかもわからないね。とにかくタブーが多くて、「好き」が広がらない。

もっと真面目に、もっと狭く……って、そんなことをするから苦しいんだ。

一人さんは堂々とエッチな本を買うんです（笑）

自分の好きなことが見つからない人ってね、小さい時から、親や先生に抑えつけられてきたんだろうね。

好きなことに範囲を決められちゃって、本当に好きなことを言わせてもらえなかったんじゃないかな。

そうすると、俺みたくエッチな本が好きだとか、Ｔバックをはいた女性が好きだとかって言えなくなっちゃうんだよね（笑）。本当はそれが一番好きでも（笑）。

世間体がどうのとか、立派なことを趣味にしなさいとかって、好きなことを否定されすぎちゃっているんです。

そこへいくと俺なんて、本屋さんでは、一番上にエッチな本を置いてレジへ持って行くの（笑）。同時に『広辞苑』を買っていようが何しようが、あえて一番上にする（笑）。

なぜそんなことをするんですかって、それが俺のレジャーなの（笑）。

普通の人って、エッチな本を一番下にするの。

そういう本を買うことに恥ずかしさがあるから、さも「俺はエッチな本なんか買う人間じゃありませんよ」っていう顔で、こそっと一番下に忍ばせる（笑）。

だけど俺は違うよ。

少しも悪いことだと思ってないから、堂々と一番上に置いちゃう（笑）。

自分の金で何を買おうと、俺の自由だろって（笑）。

それが一人さんのレジャーなの。

もちろん、こっそり買いたい人はそうすればいいんだよ。

何も、俺のマネをする必要はないの。

一人さんはただ、「俺の場合は、堂々と買うのが楽しいんです」って言ってるだけだからね。コソコソ買うのがスリルがあって楽しいって思う人は、それが正解なの。

みんな正しいんです。

いつだって、自分が楽しいことが一番だよ。

自分を卑下するのは神様へのいじめなんだ

自分を卑下すると、何をしてもうまくいきません。

会社の社長にまでなったのに、自分を卑下したせいで、そこから人生が転落する人だっているんだよね。

自分を卑下するって、あなたの中の神様を卑下するのと同じだから、うまくいかなくなるのは当たり前なんです。

それなのに、世の中には自分を卑下する人があふれている。

みんな、自分を厳しく見過ぎちゃってるんだよね。

とにかく自分を大切にしていない。

可愛がり方が全然足りないんだ。

うまくいかないのは、自分の可愛がり方が足りないからなのに、「もっと厳しく、もっと厳しく」って正反対のことをしているの。

そんなの俺に言わせたら、どこまで神様をいじめたら気が済むんですかって話だよ。


で、自分をいじめることもダメだけど、人をいじめるのもダメだよね。

だって相手の中にも、あなたと同じように神様がいるんだから。

人をいじめるってことは、相手の中にいる神様をいじめるのと同じことだから、大きい神様があなたにご褒美をくれるわけがないよね。

自分も相手も、みんなお互いに神様なんです。

だから、誰のこともいじめちゃいけないよ。

断食してうまくいくのは断食が好きな人だけ

幸せになるには、断食《だんじき》をしたり、壁に向かって座禅《ざぜん》を組んだりするのがいいですよっていう教えがあるんだけど。

実際にそれで幸せになる人がいる一方で、同じことをしたのに人生がうまくいかない人もいる。

その差は何ですかって、幸せになった人は、断食や座禅が本当に好きだったんだよ。

だからって、好きでもない人が同じことをしても苦痛でしかない。

幸せになるために断食したのに、それが拷問《ごうもん》みたいに感じるっておかしいよね（笑）。

好きなことをすれば、今この瞬間から幸せになれるのに、なぜわざわざ好きでもないことをして苦しまなきゃいけないの？

だいたい一人さんに言わせると、女性のお尻を見てるより、座禅を組んで壁を見てる方が好きだっていうのは変態《へんたい》だから（笑）。けど、座禅が好きな人からすれば、女性のお尻が好きな俺の方が変態に見えるかもわかんないね（笑）。

何が言いたいんですかって、変態でも成功できるし、幸せになれるよってこと（笑）。

それがあなたの本当に好きなことだったら、人に変態と言われようが何しようが気にしなくていいんだ。

エッチなビデオを見ている人より、壁に向かって座禅を組んでいる人の方が偉いとかって、そんなのおかしいよ。

どちらも好きなことをしているだけなんです。

自分を可愛がって、神様を大事にしているんだよ。

それを、エッチなビデオが好きなやつは変態だとかって思う方が間違っているの。

あなたが成功できないのは、おかしなことを言っているからだよ。
おかしな常識で自分にタブーを設けているから、神様に喜んでもらえないんだ。
自分を可愛がらないことには始まらない。
そのことを絶対に忘れちゃいけないよ。

欠点は直さなくていいからね

人にはいろんな個性があります。
ところが、その個性を「欠点」と受け取っている人がものすごく多いの。
例えば、あなたは朝寝坊ばかりしているとするよね。
普通に考えたら、それって欠点に見えるかもわかんない。
でも一人さんだったら、欠点だなんて思わないよ。
素晴らしい個性なの。

だから朝寝坊を直す必要なんてないし、俺だったら絶対に直そうとしないよ。

というかね、直しちゃいけないの。

神様がつけてくれたものに、間違いがあるわけがないんだ。

あなたの朝寝坊には、何か意味があるんです。

自分ではダメなところだと思っているかもしれないけど、直さなくていいの。


第2章で、一人さんは学校の宿題が嫌で嫌でしょうがなかったから、1回もしなかったという話をしたんだけど（笑）。それもそれでいいの。

嫌なことは、誰が何と言おうとしたくないからね。

じゃあ、我慢して宿題をした人は間違っていたんですかって、そうじゃないよ。

我慢してやった人も、それはそれでいいんだ。

我慢して宿題をしたあなたも正しいし、最初から宿題なんてするつもりがなかった俺も正しい（笑）。

真面目な人も、真面目なんだから真面目がいいの。

一人さんみたく不真面目になりたいと思うんだったらそうすればいいし（笑）、真面目のままでいたいんだったら、それがあなたにとっての正解なんだよね。

何かができるようになったからとか、良くなったから自分を褒めるんじゃなくて、そのままの自分でいいんだ。あなたはそのままで完璧なんです。

朝起きられない人は、夜働けばいいんだよ。

朝も夜も働きたくない人は、なぜか親が財産を持っているとか、ちゃんと生きていけるようになっているものです。

だから「これがいけない」とか「あれがいけない」って、そういうのはないんだ。

自分がダメと思っているのは、親とか先生とか、周りにいる人があなたにダメと言ったことなんだよ。

もともと、自分でダメだと思っていたことじゃないよね。

周りにそう思わされているだけなんだよ。

問題が起きるのは、神様のアラ探しをしているから

自分と友だちになるって、自分を肯定《こうてい》してあげることなの。

いちいち自分を否定するのをやめないと、自分と友だちになれないんです。

で、自分と友だちになれない人って、ほかの人に対してもアラばかり探すんだよね。

神様のところへ行っても、欠点を探す人っているんだよ。

いくらあなたが「神様の欠点なんて探しません」と言っても、自分や周りの人のアラばかり探すのは、神様の欠点を探しているのと同じ行為なの。わかるかい？

花にはチョウ、ウンコにはハエが集まると決まっているんです（笑）。

いい考えの人には、神様がとんでもないご褒美をくれるの。

反対に、貧しい考えの人には、嫌なことばかり起きる。

私にはどうして問題ばかり起きるんでしょうかって、それはあなたの考え方に、どこか間違いがあるっていう神様からのお知らせだよ。

あなたは自分を可愛がっていませんよね？　それは間違いですよって。

その証拠に、誰に何と言われようと自分を可愛がっている一人さんには、嫌なことって全然起きないし、嫌なやつも近寄ってこない。

何をしても成功するし、いつも幸せなんだ。

中国の皇帝は彼女を5000人作って天下を取った

仕事もするけど、遊びも一生懸命。

一人さんのお弟子さんって、みんなそうなの。

それぞれ好きなことをしている。それがいいんだよね。

好きなことを思いっきり楽しんでいるから、不況が来ようが何しようが、なぜかうまくいっちゃうんです。

それを、遊んじゃいけないとか、彼女なんか作ってるから会社がつぶれるんだとか言うから苦しくなる。

そういう考えでいる人には、本当に悪いことが起きるんだよね。

会社がつぶれるのは、心の中に彼女を作っちゃいけないっていう、ネガティブな感情があるからだよ。やましさとかね。

だけど楽しく彼女を作っている人だったら、そんなことくらいで会社がつぶれるわけがないんだよ。むしろ会社はうまくいくんじゃないかな（笑）。

あのね、中国の皇帝《こうてい》司馬炎《しばえん》は彼女が５０００人もいたっていう逸話《いつわ》が残されているんだけど、それで天下を取ったんだよ。

ところが、秦の始皇帝は天下を取ったんだけど、秦の王政は15年くらいしか続かなかったの。

それは始皇帝が万里《ばんり》の長城《ちょうじょう》を作ったからだと、一人さんは思っているんです。

どういうことですかって、万里の長城は、恐怖の心から作り上げたものなんだよね。

外敵が攻めてこないようにっていう恐怖で、大勢の民に過酷《かこく》な労働を課し、あんな巨大なものを作っちゃったの。

心の中に恐怖の種を撒《ま》くと、現実では必ず、それ以上の恐怖が襲《おそ》ってくるんだよ。

だけど皇帝司馬炎の彼女が5000人もいたっていうのは、自分の楽しみで集めたんだよね（笑）。

楽しい心からは、もっと楽しくなるような現実しかもたらされない。

だから、もし一人さんが始皇帝の友だちだったら、こう助言しただろうね。

「万里の長城なんか作ってないで、その金で1000人彼女をつくりな」

その方が民も喜んで、秦はもっと長く続いたんじゃないかな。

これからは、楽しいことをする時代なんです。

だからみっちゃんは大衆演劇をどんどん観に行けばいいし、いくらでも神社巡りをすればいい。

で、周りの人も、その人がやってることに罪の意識を持たせたらダメなんだ。

仕事もちゃんとしていて、誰にも迷惑をかけていない。

法に触れるようなことはしていないんだから、楽しく遊んでいいに決まっている。

誤解を恐れず言えば、日本って、世界的なすごい事業家っていないんだよね。

それはね、みんな真面目すぎるからなの。

自分の可愛がり方が足りないから、言ってることもいまひとつ面白くない。

だけど、これから遊びの足りている事業家が出てくれば、ものすごい事業家になるかもわかんない。楽しみだね。

好きなことをすると、愛と光が出放題

自分を大切にするっていう話をすると、こう言う人がいるの。

「自分ばっかり大切にして、人は大切にしなくていいんですか？」

あのね、自分を大切にすると、人を大切にしなくなるって、そんなこと起きるはずがないんです。全然違う。

人間というのは、神様の愛と光でできているんだよね。

だから、もともと愛と光にしかなれないのに、人間が作ったいろんな「常識」で、その愛と光が隠れちゃっているの。

あなたの魂には、常識という名の汚れがいっぱいくっついていて、今は愛と光が見えなくなっている。

だけどその汚れを１枚１枚引きはがしていくと、最後には愛と光が現れるんです。

じゃあ、どうすれば汚れが取れるんですかって、したいことを自由にすればいいの。

要は、楽しく好きなことをすればいいんだよね。

嫌なことはやらないで。

それって、愛と光ってことだよ。

で、愛と光だけになると、人に意地悪しようとか、そんなこと思うはずがないの。

自分の中に神様がいるのと同じように相手の中にも神様がいる、相手も愛と光の存在なんだってわかるから、誰に対しても自分と同じように優しくできるの。

神様から分け御霊をいただいて生まれた人間は、見た目の違いはあっても、誰もが愛と光なの。あなたと同じように、みんな神様なんだよね。

そのことを実感するには、あなたの好きなこと、楽しいこと、ワクワクすることをしなきゃいけないいんです。

何をする時も、

「これは私が楽しくなることかな？」

それを基準にするんだよ。

楽しいことを追求するという意味では、どんなに自分を優先しても、そこから出るのは愛と光なの。自分を可愛がれば可愛がるほど、愛と光が放たれる。

そうやって自分自身を楽しませている人は、周りの人のこともうんと楽しませられるんだ。

人に嫌なことをするのって、自分を抑えつけている人間なんです。

時々、大金持ちの令嬢《れいじょう》や子息《しそく》なんかが、周りの人にひどく当たり散らして、それがニュースになったりするんだけど。

あれって、嫌なことをしている本人が、ずっと抑えつけられてきたんだろうね。

小さい時から「いい学校へ行かなきゃいけない」「うちの会社にふさわしい人間にならなきゃいけない」とかって、ものすごく縛られてきたんじゃないかな。

自分を可愛がれないから、人に対しても優しい気持ちを持てないんだよね。

バスに乗って知らない街へ行ってごらん

遊ばなきゃダメだよって言うと、無理して遊ぼうとする人がいるんです。

お金がないのに、借金してまで遊ぶとかね。

あのね、俺はそういうことを言ってるわけじゃないんだ。自分にできる範囲で遊びなって言っているんだよね。わかるかな？

例えば、旅行したいけどお金がないっていう人は、休みの日に路線バスに乗るの。そのまま終点まで行ってもいいし、途中で気になる街があればそこで下車してもいい。とにかく、自由に好きなところで降りるんだよね。

降りたら、その街をぶらぶら歩くの。

知らない街だから、歩いているだけでワクワクするんだよね。

で、良さそうな定食屋があったら、そこへ入って定食とビールを頼んで一杯やるんです。いい気分になったら、またバスに乗って帰ってくる。

そうやって、休みのたびに違うバスに乗っかって、いろんな街へ行って、その街にある定食屋へ行けばいいんだよ。

そんなの大してお金はかからないけど、すごく楽しいじゃない。


旅をするって言うと、みんなすぐ海外に行かなきゃとか、何万円もかかるような旅を想像するんだよね。だけど、それって知恵がないだけなの。

知恵があれば、さっき言ったみたいに、路線バスで行く近場の旅行を思いついたりして、1000円とか2000円で日帰り旅行を楽しめるんだよね。

そういう知恵がないのも、遊び慣れていないからなんです。

それとかね、競馬が好きな人は、1レース100円から買えるから、1000円あれば10レースも楽しめるんだよ。

全部外れたって1000円のマイナスで済むし、運よく当たっちゃうかもわかんない。そしたらものすごいラッキーだよね（笑）。

競馬を楽しんだ後は、帰りに餃子《ギョウザ》屋さんにでも立ち寄って、ビールでも飲んでごらん。最高に楽しいから。

一人さんって、競馬はやらないの。

だけど、ちょっと考えただけでそういう遊びも思いついちゃうんです。

こんなふうにパッとアイディアが出るのは、いつも楽しく遊んでいるからだよ。

今ここで幸せになった人が、この先も幸せなんだ

時代はだんだん良くなっているんです。

すでに、魂の時代になったんだよね。

軍国主義とか全体主義みたいな時代には、みんな国に合わせなきゃいけなかった。

大変だろうが苦しかろうが、個人の幸せは押し込めて、国の言う通りにしなきゃい

けなかったの。

だけど、そういう時代の方が間違っていたんです。

その間違ってることを、時代が変わった今も引きずっている人がいるんだよ。

やっといい時代が来たのに、それっておかしいでしょ？

自由にしていい時代になったんだから、自分がしたいこと、好きなことをしないでどうするんだって話だよ。

好きなことをしなきゃ損だし、神様だって味方してくれない。

それなのに相も変わらず昔みたいなことを言うのは、時代錯誤《じだいさくご》もいいところだよ。

人の言うことを、いちいち気にしなくていいの。

魂の時代に、全体主義を持ち出す方がおかしいんだから。


魂の時代っていうのは、１人ずつ違っていいんだよ。

好きなことも、生き方も、幸せの形も、全部違っていい。

その方がうまくいくよっていう時代なんだよね。

実際、一人さん自身も、俺のお弟子さんもそれでうまくいっているんです。

それもね、いきなりうまくいっちゃう。

いきなり幸せになるの。

好きなことをすれば、その瞬間から幸せになるのは当たり前だよね。

で、そうやって幸せな時間を増やしていくと、その後にもっともっと強烈な幸せがやってくるんだよ。

幸せっていうのは、連続して続くものなんだ。

芋《いも》づる式に、永遠に続くのが幸せだよ。

みんな「幸せの後には不幸が来て、不幸の後には幸せが来る」とかって言うけど、そんなのウソだよ。

不幸の後には、ずっと不幸が続くんです（笑）。

いつまで待ったら幸せが来るんですかって、今ここで不幸な人は、いつまで待っても幸せは来ないよ。ひどい人は、来世まで幸せになれないかもわかんない。

というか、来世でも考え方を変えないと、来世でもまた不幸が続くだろうね。

だって今世幸せじゃないのに、同じことをして、来世幸せになれるわけがないよね。

1＋1＝2なのに、「3」って書いてバッテンもらったの。

にもかかわらず、その後の試験でも「3」を書き続けて、いつかマルがもらえると思ってるのはおかしいでしょ（笑）。

来世も幸せになりたいんだったら、今世から幸せにならなきゃダメなんです。

でね、今すぐに幸せになるの。

明日幸せになればいいとかじゃない。今、だよ。

どうやって今この瞬間に幸せになるんですかって、一人さんだったら、いい女がTバックをはいてるお尻を想像するの（笑）。

それだけで、たちまち幸せなんだよ（笑）。

だからみんなも、一瞬にして幸せになれる何かを持ってごらん。

高尚《こうしょう》なことじゃなくていいから。

もちろん、自分を幸せにするのが高尚なことならそれでいいんだよ。
だけど、少なくとも一人さんの場合は高尚じゃない（笑）。
あなたは、瞬時に幸せになれるものをいくつ持っていますか？
まずはそこからだよ。

この世は遊んだ者勝ちだよ

俺たちは神様に招待されてこの世に生まれてきたんだよね。
この地球に遊びに来ているの。
神様から「この地球で、めいっぱい遊んで楽しみな」って招待されてきたんです。
ここは遊びの星なんだ。
それを遊んじゃいけないって言うのは、道理《どうり》に反することなんだよ。わかるかい？
みんな遊んじゃいけないと思い込んでいるけど、昔から、上の人たちはものすごく遊んでいたんだよ。

貴族は美味《おい》しいものを食べて、優雅《ゆうが》に蹴鞠《けまり》をして遊んでいた。

大奥《おおおく》の女性は、ため息が出るほど綺麗な着物を着て、楽しんでいたんだよね。

自分たちはめいっぱい楽しみながら、民にはうまく言って働かせてたの。

だけど、時代は変わって豊かになった。

豊かになったということは、庶民《しょみん》も何も関係なくて、全員が楽しく遊べるようになったということなんだ。

考えてごらんよ。昔は盆と暮れしか休みがなかったのに、それが日曜日や祝祭日も休めるようになって、今では土日休みになったの。

しかも会社勤めをしている人は、有給休暇まで取れる。

最近では、ちゃんと有給を取らなきゃ会社が罰金を払わなければならない。

それだけ世の中が変わったんだから、あなたも変わらなきゃおかしいよ。

どれだけ楽しめるか。

どうやって楽しく遊ぶか。
この世界は、遊んだ者勝ちなんだ。
遊んだ方が幸せになれるし、運勢《うんせい》だって良くなるからね。

第5章

もっと人生を楽しむための「命」の話

斎藤一人

個性があるから、生き方も死に方も全員違う

人って、顔や声が全部違うよね。人生も違う。

同じ人って絶対にいないんです。

例えば、同じがんという病気にかかったとしても、症状《しょうじょう》から、状態から、治り方も死に方も全部違う。

なぜかというと、神様は重複《ちょうふく》をしないからだよ。

だから、これだけ大勢の人がいても、存在する人の数だけ生き方があるんです。

どんなにそっくりな双子《ふたご》だって、どこか違うの。

もちろん、人間だけじゃない。

葉っぱ1枚にしても、同じ葉っぱは絶対にないんだよね。

波だって、同じ形の波は1つとしてない。似た波があったとしても、どこか違う。

神が作るものって、絶対に同じものはないんだ。そういうものなの。


どうしてこの世には、2つとして同じものが存在しないんですかって、それは1人ひとりに個性があるからです。

じゃあ、なぜ個性があるか。

それは人それぞれ、学ぶ必要があるからなんだよね。

学びってみんな違うの。

それと、そもそも全部違うから面白いんだよね。

みんな同じだったら、ものすごく退屈《たいくつ》だと思うよ。

会話にしろ、経験にしろ、1人ひとり違うから楽しいんだよね。

もしみんな同じなら、究極《きゅうきょく》を言っちゃうと、この世に誰か1人いればいいだけの話になっちゃうでしょ？


これまでは全体主義の時代だったから、個性を無視して、無理やりみんな同じようにさせようとしてきたの。学校へ行けば、男子は全員坊主にしなきゃいけないとか、女子はスカートの長さを何センチにしなきゃいけないとかね。

だけど時代は変わったんです。

今はもう、個性が許される時代になったの。すごく楽しいことだよね。

この世に存在するのは、すべて必要な命

最近、こんな質問をされたんです。

「この世には、生まれてこなかった方がいい命もあるのですか？　その反対に、生まれるべき命が生まれないこともありますか？」

あのね、まず俺たちの魂は、何度も生まれ変わるんです。

永遠に生まれ変わるから、その中では早く死ぬ時もあるだろうし、長生きすることもある。いろんなパターンの人生があるんだよね。

それらは全部学びなの。

長い人生には、長い人生なりの学びがある。

短い人生には、短い人生じゃなきゃ得られない学びがあるんです。


でね、命の中には、生まれて来ない方がいい命もあるんですかって、それはないよ。

どんなに短い生涯《しょうがい》であっても、みんな理由があって、必要があってこの世に生まれて来たんです。

その反対に、生まれるべき命が生まれないってこともないんだよね。

生まれるべき命は、必ずみんな生まれている。

タイミングの問題で、生まれたいのに生まれなかったというのはあるかもわかんない。だけど、そういう命は、その後すぐにまた生まれるだろうね。

無駄《むだ》な命はない。そういうことだよ。

死後には、この世で味わえない気持ちよさがある

死ぬ時のことを考えると、みんな怖がるんだけど、死ぬって怖いことじゃないの。むしろ、すごく気持ちいいんです。

どんな風に気持ちいいんですかって、説明のしようがないくらい気持ちいい。

この世では味わえないような、ものすごい気持ち良さなんだよね。

死にかけると、その気持ち良さを味わえるんです。

だから臨死体験《りんしたいけん》をした人やなんかは、その気持ち良さを「体験」として知っているんだよね。

でも一人さんは、昔から医者に何度も「今回はダメかもしれない」なんて言われた割に、本当に死にそうになったことはないんです（笑）。

つまり、臨死体験をしたことがないから、死にかけた時の気持ち良さも体験したことはない。でも、どうやら死ぬとものすごく気持ちいいというのは知っているの。

どうやって知ったんですかって、これは不思議な話だから、信じたい人だけが信じてくれたらいいんだけど。

あのね、一人さんって、小さい時から小学3年生くらいまでの間に、何度も「白い光の玉」を見ているんだよね。

布団《ふとん》に寝ていると、真っ白い光がすうっと近づいてきて、何だろうと思っているうちに俺を包み込んじゃうの。

そうすると、疑問に思っていたことの答えがなぜかパッとわかっちゃうんだよね。

自分を可愛がらなきゃいけないとか、この地球では楽しく遊ばなきゃいけないとか、人は何度も生まれ変わるとか。

そういうことが、白い光の玉の中に入った瞬間、もうわかっちゃってる。

死ぬと気持ちいいっていうのも、そこで学んだことなんです。

ただ、それは臨死体験じゃないんだよね（笑）。

あれがもし臨死体験だとしたら、俺は何回死にかけたんだって話だよ（笑）。

あなたの魂は、生きてもっと遊びたがっている

頭やなんかをぶつけて、ものすごく痛かったとする。

自分では死ぬんじゃないかと思うくらい痛いんだけど、意識があって「痛い、痛い」って言ってる時は死なないの。

死ぬほど痛い時っていうのは、死なないんだよね。

だけど、それが致命傷《ちめいしょう》だった場合は、ガツンとぶつけた時には魂がスッと抜けちゃって、痛みはまったく感じないんです。

魂が肉体から抜けると、死後の世界に入っちゃうから、その時点でものすごく気持

ちいいの。

いくら肉体が唸《うな》ったり暴《あば》れたりしていても、それは肉体が反射的に動いているだけで、本人は全然痛みを感じていないんだ。

息を苦しそうにしていても、全然苦しくない。

だから、死ぬって全然怖くないの。

本当はみんなだって、そのことを知っているはずなんだ。

死ぬ時の気持ち良さを、あなたの魂は知っているの。

だって俺たちは何度も生まれ変わっているから、幾度《いくど》となくその気持ち良さを体験しているはずでしょ？

死ぬのが気持ちいいんだったら、早く死にたくなりませんかって、それは違うよ。

死んだ時の気持ち良さも楽しみだけど、この世にも楽しいことがたくさんあるから、まだまだ死にたくないって思うんだよ。

あなたの魂は、もっと遊びたがっている。

この地球に遊びに来ているんだから、遊び足りないのに死んでなるものかって（笑）。

で、この世でも、あの世に行った時と同じくらい楽しいことができるんだよ。

また会える。だから寂しいけど落ち込まない

年を重ねると、親しい人が亡《な》くなったりして、寂《さび》しさを感じることがあるよね。

でも俺は、「人は死なない」ということを知っているし、あの世でまた会えるとわかっているから、そこまで深い悲しみに落ち込むことはないんだよ。

そりゃあ一人さんだってね、知り合いが亡くなるとすごく悲しい。

可愛がってる犬や猫が死んだって、涙は出るの。

いろんなことを知っているのと、無感情になることとは全然違うからね。

だけど、まったく知識のない人に比べると、悲しみや寂しさを感じても、ひどく落

ち込むことはない。

しばらく会えなくなるなぁっていう、そういう寂しさで済むの。

俺はね、みんなに「人は死なない」ってことを教えたいんです。

死なないから無謀《むぼう》に生きてもいいとかって、そういう意味じゃないよ。

人は死なない魂を持っているから、何度も生まれ変わることができるんだ。

肉体は死んでも、魂は死んでないから、会いたい人にはまた会える。

あなたの大切な人は、きっとソウルメイトだから、あの世で必ず再会できるの。

そのことを知っていれば、愛する人が亡くなっても自分を見失わないで、自分の人生を大切にしようって思えるよね。

どうせなら楽しい人生がいいよね

俺たちは、すごい命を持っているんです。
だからこそ、幸せにならなきゃいけない。
幸せになるには、楽しく生きること。
うんと遊ばなきゃいけない。
あなたが楽しく生きられるようになると、間違いなく、周りにいる人に対しても、
「この人が楽しく生きられるようにお手伝いしたい」
そう思うようになるものなんだよね。
あなたが幸せになると、あなたの大切な人も、みんな幸せになれるんです。
楽しく生きるのは自分のためだけじゃなく、人のためでもあるんだよね。

苦しむのは自分の勝手でしょって、あなたが苦しむと、あなたの周りにいる人にも迷惑がかかっちゃうの。

あなたのつらそうな顔を見て、周りがどれだけ悲しむか考えてごらんよ。

あなたが苦しむって、あなただけの問題じゃないんだ。わかるかい？

一人さんは本を書く時も、できるだけみんなが楽しい人生を送れるようにっていう思いを込めているんです。

そのためには、楽しく読んでもらわなきゃ始まらない。

だから、いつだって俺は楽しい答えを出すんだよね。

読んだ人が、少しでも楽しくなるように。

少しでも心が軽くなるように、肩の荷を下ろせるようにって。

一人さんは、ためになる話を楽しくしたいんだ。

そう思っているからこそ、どんな質問にも楽しく回答するんです。

楽しく生きたって一生。
苦しく生きたって一生。
どうせなら、楽しい人生にしたいよね。

おわりに

みっちゃん先生へ

神様とお友だちでいるように、
これからもお友だちでいてください。

さいとうひとり

ひとりさんとお弟子さんたちのブログについて

斎藤一人オフィシャルブログ

https://ameblo.jp/saitou-hitori-official

一人さんが毎日あなたのために、ついてる言葉を、日替わりで載せてくれています。ぜひ、遊びにきてください。

斎藤一人公式ツイッター

https://twitter.com/O4Wr8uAizHerEWj

お弟子さんたちのブログ

みっちゃん先生のブログ	https://ameblo.jp/genbu-m4900/
Instagram	https://www.instagram.com/mitsuchiyan_4900/
柴村恵美子さんのブログ	https://ameblo.jp/tuiteru-emiko/
ホームページ	http://shibamuraemiko.com
舛岡はなゑさんのブログ	https://ameblo.jp/tsuki-4978/
オフィシャルサイト	（講演会・美開運メイク・癒やしのセラピスト） https://bikaiun.com
宮本真由美さんのブログ	https://ameblo.jp/mm4900/
千葉純一さんのブログ	https://ameblo.jp/chiba4900/
遠藤忠夫さんのブログ	https://ameblo.jp/ukon-azuki/
宇野信行さんのブログ	https://ameblo.jp/nobuyuki4499/
高津りえさんのブログ	http://blog.rie-hikari.com/
おがちゃんのブログ	https://ameblo.jp/mukarayu-ogata/

〈斎藤一人さんのプロフィール〉

実業家、「銀座まるかん」（日本漢方研究所）の創業者。

1993年以来、毎年、全国高額納税者番付（総合）６位以内にただ１人連続ランクインし、2003年には累計納税額で日本一になる。

土地売却や株式公開などによる高額納税者が多いなか、納税額はすべて事業所得によるものという異色の存在として注目されている。

主な著書に、『変な人が書いた 人生の哲学』『「気前よく」の奇跡』（以上、ＰＨＰ研究所）、『絶対、よくなる！』（ＰＨＰエディターズ・グループ）、『強運』『人生に成功したい人が読む本』『知らないと損する不思議な話』『人生が楽しくなる「因果の法則」』（以上、ＰＨＰ文庫）、『斎藤一人 絶対、なんとかなる！』『斎藤一人 俺の人生』（以上、マキノ出版）、『お金の真理』（サンマーク出版）などがある。その他、多数の著書がすべてベストセラーになっている。

〈著者略歴〉

みっちゃん先生（みっちゃんせんせい）

斎藤一人さんの名代。

一人さん曰く、「みっちゃんがおむつをしている頃に出会い」、子どもの頃から一人さんの生きざまをそばで見ながら「ワクワク楽しく魂的に成功する生き方」を学ぶ。現在も一人さんと毎日、旅をしながら、一人さんに学び、その教えを実践。魂の時代を心豊かに生きたいと願う人々に、「一人さんに教わったこと」「一人さんの愛ある言葉」を伝える活動を続けている。

東京都江戸川区の高額納税者番付の常連。

主な著書に、『斎藤一人「自分ほめ」の魔法』『斎藤一人 神的《かみてき》な生き方』（以上、PHP研究所）、『斎藤一人 神はからい』（斎藤一人さんと共著、マキノ出版）などがある。

斎藤一人　神様とお友だちになる本

2019年8月30日　第1版第1刷発行

著　者　みっちゃん先生
発行者　後藤淳一
発行所　株式会社ＰＨＰ研究所
東京本部　〒135-8137　江東区豊洲5-6-52
第二制作部ビジネス課　☎03-3520-9619（編集）
普及部　☎03-3520-9630（販売）
京都本部　〒601-8411　京都市南区西九条北ノ内町11
PHP INTERFACE　https://www.php.co.jp/
組　版　朝日メディアインターナショナル株式会社
印刷所　大日本印刷株式会社
製本所　東京美術紙工協業組合

 ISBN978-4-569-84353-7

PHPの本

斎藤一人 励《はげ》まし力

あなたも周りの人も大成功！

四辻友美子 著

「励ます」というたった一つの武器で、売り上げ最下位から、第1位になった！　妻も夫も、部下も子どもも、どんどん変わるすごい知恵！

定価　本体一、三〇〇円（税別）

PHPの本

斎藤一人 白光《はっこう》の戦士

一瞬で幸せに変わる魔法

舛岡はなゑ 著

神さまから授かった「白光の剣」とは？ 過去の悩み、怒り、イヤな思い出を一瞬で変えて自分も周りの人も幸せにする素敵なパワー。

定価 本体一、三〇〇円（税別）

PHPの本

楽しい奇跡がたくさん起きる
斎藤一人「自分ほめ」の魔法

みっちゃん先生 著

自分をほめるだけで、自信がつき、運もよくなっていく！ 日本一幸せなお金持ち直伝、人生が一気に好転する「自分ほめ」の方法を紹介。

定価 本体一、二〇〇円（税別）